FiNALE

Basiswissen

Mittlerer Schulabschluss

Jelko Peters

westermann

Druck A^3 / Jahr 2009
Alle Drucke der Serie A sind im Unterricht parallel verwendbar.

Redaktion: Heiko Judith, Ute Schröder
Layout und Herstellung: Heike Rieper, Günter Steinwachs
Druck und Bindung: westermann druck GmbH, Braunschweig

ISBN 978-3-14-**128009**-8

Inhalt

Vorwort

Liebe Schülerin, lieber Schüler,

das FINALE-Basiswissen soll dir helfen, dich im Fach Deutsch auf Klassenarbeiten und auf deine Abschlussprüfung zum Ende der 10. Klasse vorzubereiten. Dazu wurde das FINALE-Basiswissen in zwei Teile gegliedert.

Im ersten Teil hast du die Möglichkeit, die schriftlichen Aufgabenformen und Aufgabentypen, so wie sie als Abschlussprüfungen vorkommen können, zu erarbeiten, zu trainieren und zu wiederholen. Zu sieben verschiedenen Aufgaben wird dir in jeweils sechs Schritten anhand von Beispielaufgaben genau erklärt, worauf du bei der Lösung einer Schreibaufgabe zu achten hast. Eine Beispiellösung und ein Selbstbeurteilungsbogen mit Hinweisen zur Nachbearbeitung helfen dir, deine Ergebnisse zu verbessern.

Wichtige Fachbegriffe werden in blauer Farbe unterlegt. Das ist für dich ein Hinweis, dass du zu diesem Wort im Basiswissen, dem zweiten Teil des Buches, eine Erklärung findest. Dort werden die wichtigsten Fachbegriffe aus den Bereichen Literatur, Sachtexte, Grammatik, Rechtschreibung und Arbeitstechniken erläutert, die du für die Erschließung von literarischen Texten und Sachtexten benötigst. Über das Stichwortregister findest du leicht die Seite, auf der der Begriff erklärt wird.

Ich wünsche dir ein erfolgreiches Finale im Fach Deutsch.

Jelko Peters

Teil I: Zu Texten schreiben

1 Literarische Texte analysieren und interpretieren

1.1 Einen erzählenden Text analysieren und interpretieren

Im Folgenden wird dir an einem Beispiel mit Aufgabenstellung vorgestellt, worauf du bei einer Analyse eines erzählenden Textes achten musst. Dabei wird die Textanalyse in sechs Arbeitsschritte eingeteilt:

1. Sich über die Aufgabenstellung und den Text orientieren
2. Den Text lesen und die Inhalte erfassen
3. Den Text untersuchen und auswerten, die Beurteilung vorbereiten
4. Einen Schreibplan anlegen
5. Eine Textanalyse schreiben
6. Die Textanalyse überarbeiten

Erster Schritt: Sich über die Aufgabenstellung und den Text orientieren

Als Erstes solltest du dich mit der Aufgabenstellung vertraut machen. Von dem richtigen Verständnis der Aufgabenstellung hängt es ab, ob du eine gute Analyse des Textes schreiben kannst.

Aufgabenstellung:

1 Analysiere und interpretiere den Text „Ein netter Kerl" von Gabriele Wohmann.
   a) Fasse den Inhalt des Textes zusammen.
   b) Untersuche, wie sich die Familie verhält.
   c) Erläutere, mit welchen sprachlichen Mitteln das Verhalten und die Gespräche der Familie dargestellt werden.

2 Beurteile das Verhalten der Familie.

▶ In der Aufgabenstellung sind die Anweisungen unterstrichen. Diese Anweisungen nennt man Operatoren. Du musst sie genau beachten, um die Aufgaben richtig lösen zu können. Auf S. 152 – 156 kannst du die Operatoren nachschlagen. Suche die Operatoren für die Aufgabenstellung oben heraus. Mache dir bewusst, was von dir erwartet wird.

Ein netter Kerl (1978)

Gabriele Wohmann

Ich habe ja so wahnsinnig gelacht, rief Nanni in einer Atempause. Genau wie du ihn beschrieben hast, entsetzlich.

Furchtbar fett für sein Alter, sagte die Mutter. Er sollte vielleicht Diät essen. Übrigens, Rita, weißt du, ob er ganz gesund ist?

Rita setzte sich gerade und hielt sich mit den Händen am Sitz fest. Sie sagte: Ach, ich glaub schon, dass er gesund ist. Genau wie du es erzählt hast, weich wie ein Molch, wie Schlamm, rief Nanni. Und auch die Hand, so weich.

Aber er hat dann doch auch wieder was Liebes, sagte Milene, doch, Rita, ich finde, er hat was Liebes, wirklich.

Na ja, sagte die Mutter, beschämt fing auch sie wieder an zu lachen; recht lieb, aber doch grässlich komisch. Du hast nicht zuviel versprochen, Rita, wahrhaftig nicht. Jetzt lachte sie laut heraus. Auch hinten im Nacken hat er schon Wammen, wie ein alter Mann, rief Nanni. Er ist ja so fett, so weich, so weich! Sie schnaubte aus der kurzen Nase, ihr kleines Gesicht sah verquollen aus vom Lachen.

Rita hielt sich am Sitz fest. Sie drückte die Fingerkuppen fest ans Holz.

Er hat so was Insichruhendes, sagte Milene. Ich find ihn so ganz nett, Rita wirklich, komischerweise.

Nanni stieß einen winzigen Schrei aus und warf die Hände auf den Tisch; die Messer und Gabeln auf den Tellern klirrten.

Ich auch, wirklich, ich find ihn auch nett, rief sie. Könnt ihn immer ansehn und mich ekeln. Der Vater kam zurück, schloss die Esszimmertür, brachte kühle nasse Luft mit herein. Er war ja so ängstlich, dass er seine letzte Bahn noch kriegt, sagte er. So was von ängstlich.

Er lebt mit seiner Mutter zusammen, sagte Rita.

Sie platzten alle heraus, jetzt auch Milene. Das Holz unter Ritas Fingerkuppen wurde klebrig. Sie sagte: Seine Mutter ist nicht ganz gesund, so viel ich weiß.

Das Lachen schwoll an, türmte sich vor ihr auf, wartete und stürzte sich dann herab, es spülte über sie weg und verbarg sie: lang genug für einen kleinen schwachen Frieden. Als erste brachte die Mutter es fertig, sich wieder zu fassen.

Nun aber Schluss, sagte sie, ihre Stimme zitterte, sie wischte mit einem Taschentuchklümpchen über die Augen und die Lippen. Wir können ja endlich mal von was anderem reden. Ach, sagte Nanni, sie seufzte und rieb sich den kleinen Bauch, ach ich bin erledigt, du liebe Zeit. Wann kommt die große

fette Qualle denn wieder, sag, Rita, wann denn? Sie warteten alle ab.
Er kommt von jetzt an oft, sagte Rita. Sie hielt den Kopf aufrecht. Ich habe mich verlobt mit ihm.
Am Tisch bewegte sich keiner. Rita lachte versuchsweise und dann konnte sie es mit großer Anstrengung lauter als die anderen, und sie rief: Stellt euch das doch bloß mal vor: mit ihm verlobt! Ist das nicht zum Lachen!
Sie saßen gesittet und ernst und bewegten vorsichtig Messer und Gabeln.
He, Nanni, bist du mir denn nicht dankbar, mit der Qualle hab ich mich verlobt, stell dir das doch mal vor!
Er ist ja ein netter Kerl, sagte der Vater. Also höflich ist er, das muss man ihm lassen.
Ich könnte mir denken, sagte die Mutter ernst, dass er menschlich angenehm ist, ich meine, als Hausgenosse oder so, als Familienmitglied.
Er hat keinen üblen Eindruck auf mich gemacht, sagte der Vater.
Rita sah sie alle behutsam dasitzen, sie sah gezähmte Lippen. Die roten Flecken in den Gesichtern blieben noch eine Weile. Sie senkten die Köpfe und aßen den Nachtisch.

Zweiter Schritt: Den Text lesen und die Inhalte erfassen

Jetzt machst du dich mit dem Text vertraut: Worum geht es? Kläre dazu auch alle unbekannten Begriffe mit dem Wörterbuch oder aus dem Textzusammenhang.

▶ Lies dir die Geschichte durch.
- Kläre die Textstellen und Wörter, die dir unklar sind.
- Markiere Textstellen, die dir besonders wichtig erscheinen.

Dritter Schritt: Den Text untersuchen und auswerten, die Beurteilung vorbereiten

In der ersten Aufgabe wird von dir verlangt, dass du den Text von Gabriele Wohmann analysierst bzw. interpretierst. Bei einer Analyse kommt es vor allem darauf an, dass du den Text in seine Bestandteile zerlegst; bei der Interpretation zeigst du, wie du den Text verstehst, deutest und beurteilst. Analyse und Interpretation gehören zusammen.
Es werden dir zwar durch die Aufgabenstellung Schwerpunkte vorgegeben, die du bei deiner Analyse und Interpretation zu beachten hast. In diesem Fall sind es das Verhalten und die Sprache der Familie. Dennoch gibt es weitere Bereiche, die du bei jeder Analyse und Interpretation untersuchen musst. Du findest in der Tabelle rechts Fragestellungen und wichtige Hinweise für deine Untersuchung. Es ist allerdings nicht immer möglich, jede Frage zu beantworten.

Einen erzählenden Text analysieren

Bereich	Fragestellung
Handlung / Situation	• Ist der Text vollständig oder liegt dir nur ein Auszug vor? • Wovon handelt die Geschichte? Ist ein bestimmtes Thema zu erkennen? Kannst du ein zentrales Problem, einen Konflikt erkennen? • Wie ist die Handlung aufgebaut? • Welchen Bezug hat der Titel zum Text? • Findest du Rückverweise oder Vorausdeutungen? • Bleiben Fragen am Ende offen?
Zeit / Ort	• Wo spielt die Handlung? Gibt es Ortswechsel? • Spielt der Handlungsort eine besondere Rolle? Ist er außergewöhnlich? Wird er hervorgehoben? • Wann spielt die Geschichte? Gibt es Hinweise auf den Zeitpunkt der Handlung? • Wie lange dauert die Geschichte? Wie ist das Verhältnis von Erzählzeit und erzählter Zeit? • Gibt es Beispiele für Zeitdehnung oder Zeitraffung?
Figuren	• Welche Personen treten in der Geschichte auf? Erfährst du ihre Namen? • Sind Haupt- oder Nebenfiguren zu erkennen? • In welcher Situation befinden sich die Figuren? • Verfolgen die Personen bestimmte Interessen, Absichten? Wenn ja, welche? • Welche Charaktereigenschaften besitzen die Figuren? • Wie stehen die Personen zueinander? • Gibt es Gespräche im Text? Wer spricht miteinander? • Wie sprechen die Personen miteinander? • Wie sind die Redeanteile verteilt? • Was lässt sich aus der Körpersprache schließen? • Verändern die Personen ihre Einstellungen?
Erzählerische Merkmale des Textes	• Welche Textsorte liegt vor? Gibt es Hinweise für diese Textsorte? • Wie ist die Erzählperspektive? • Welche Redeformen (z. B. innerer Monolog …) gibt es? • Welche Motive sind zu erkennen? Wie entwickeln sich die Motive?

Bereich	Fragestellung
Sprachliche Mittel	• Wie ist die Sprachform der Erzählerin bzw. des Erzählers? • Wie ist die Sprachform der Personen in den Dialogen? • Gibt es Auffälligkeiten bei der Verwendung der Zeitformen? Werden sie gewechselt? Was bewirkt dieser Wechsel? • Werden bestimmte Wortarten oder Wörter auffällig oft verwendet? • Welche Sprachbilder / Metaphern findest du, die für das Verständnis der Erzählung wichtig sind? • Mit welchen Attributen werden die Personen, Orte und wichtige Gegenstände beschrieben? • Welche Stilmittel fallen auf? Welche Funktionen übernehmen sie? • Welche Auffälligkeiten im Satzbau gibt es? Was bewirken sie?

▶ Erstelle auf einem A4-Blatt oder auf einer Karteikarte eine Mindmap, aus der hervorgeht, worauf du bei einer Analyse und Interpretation von Erzählungen achten muss. Benutze diese Mindmap als Lernkarte.

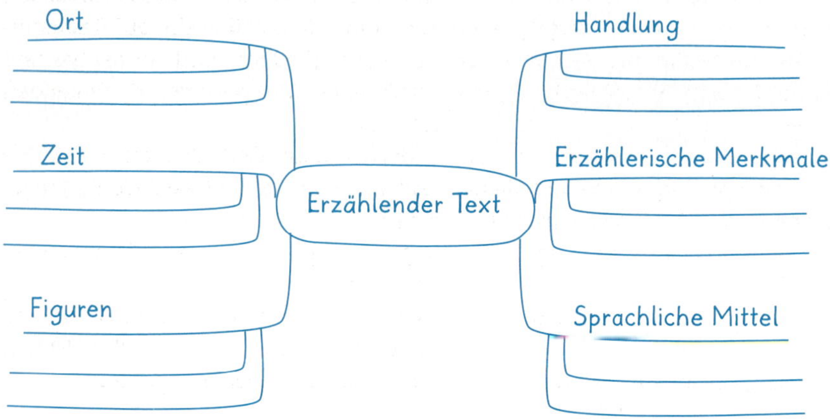

Einen erzählenden Text beurteilen

Es wird in der zweiten Aufgabe von dir verlangt, dass du einen erzählenden Text beurteilst. Zu folgenden Bereichen musst du Aussagen formulieren können. Es wird aber nicht immer jeder Bereich abgefragt. Achte deshalb genau auf die Fragestellung.

Bereich	Fragestellung
Bedeutung	• Wie wirkt der Text auf den heutigen Leser, wie wirkt er auf dich? • Welche gesellschaftliche Rolle oder Wirkung hat oder hatte der Text?
Beurteilung	• Welche Gestaltungsmittel machen den Text interessant? • Wie beurteilst du den zentralen Konflikt bzw. das Thema des Textes, das Problem, das Verhalten der Personen?

▶ Führe eine Analyse des Textes „Ein netter Kerl" von Gabriele Wohmann durch. Notiere deine Ergebnisse in Stichworten, als Cluster oder Mindmap.

Vierter Schritt: Einen Schreibplan anlegen

Wenn du eine Textanalyse planst und schreibst, teilst du anderen mit, wie du einen Text verstehst. Das Schreiben einer Interpretation ist also etwas Persönliches. Allerdings muss deine schriftliche Interpretation durch Hinweise auf Besonderheiten und bestimmte Merkmale des Textes verständlich, nachvollziehbar und begründet sein. Schreibe so, als würdest du deine Interpretation für jemanden schreiben, der den literarischen Text nicht kennt.

Wichtig ist, dass du dir über den Aufbau deines Textes Gedanken machst. Deine Ergebnisse sollten sinnvoll aufeinander aufbauen, und jeder Gesichtspunkt sollte in einem eigenen Absatz dargestellt werden.

Dabei werden durch die Aufgabenstellung Schwerpunkte gesetzt, die du bei der inhaltlichen Reihenfolge berücksichtigen musst.

Ein Schreibplan hilft dir, Ordnung in deine Gedanken zu bringen. Er kann so aussehen wie auf Seite 12, er kann aber noch durch weitere Stichwörter, die sich auf deine vorbereitenden Ausarbeitungen beziehen, erweitert werden.

Möglicher Schreibplan einer Textanalyse/Interpretation

Schreibplan

Einleitung:
Vorstellung des Textes mit Titel, Autor, Textart, Thema

Hauptteil:
- Inhaltsangabe
- Analyse der Handlungen und Personen
- Analyse der sprachlichen Mittel und deren Bedeutung für die Textaussage

Schluss:
Eigene Stellungnahme zum Text

▶ Entwirf einen Schreibplan zur Aufgabenstellung des Textes „Ein netter Kerl" von Gabriele Wohmann.

Fünfter Schritt: Eine Textanalyse schreiben

Nun ist es soweit. Nach den vielen Vorbereitungen schreibst du deinen eigenen zusammenhängenden Text. Dazu gehört Folgendes:

- Ausformulieren der Stichworte bzw. der Mindmap in ganzen Sätzen zu einem zusammenhängenden Text,
- Formulieren von Überleitungen zwischen den Textteilen,
- durch Satzverknüpfungswörter Sätze verbinden,
- durch sprachliche und stilistische Mittel sowie Fachbegriffe den Text interessant gestalten,
- durch Zitate wichtige Aussagen über den Text belegen.

▶ Setze deinen Schreibplan um und schreibe eine Textanalyse zu „Ein netter Kerl" von Gabriele Wohmann.

Sechster Schritt: Die Textanalyse überarbeiten

Kein Aufsatz ist nach dem ersten Niederschreiben perfekt. Deshalb solltest du deinen Text noch mal durchlesen und überarbeiten. Dazu hilft dir die Checkliste.

CHECKLISTE

1. **Text inhaltlich überprüfen:**
   - Habe ich die Aufgabenstellung genau beachtet?
   - Ist das Thema vollständig dargestellt?
   - Habe ich mein Schreibziel erreicht?
   - Habe ich meine Pläne umgesetzt?

   Vergleiche dazu deinen Aufsatz mit deinen Auswertungen und deinem Schreibplan.

2. **Text sprachlich überarbeiten:**
   - Ist mein Text verständlich?
   - Sind meine Ausführungen logisch aufgebaut?
   - Habe ich jeden neuen Gedanken in einem eigenen Absatz dargestellt?
   - Habe ich Überflüssiges gestrichen?
   - Bin ich beim Thema geblieben?
   - Unterstützen meine Überleitungen den inneren Zusammenhang meines Textes?
   - Stimmen die Zitate und habe ich die Zitate in Anführungsstriche gesetzt und mit Zeilenangaben versehen?
   - Habe ich Satzverknüpfungswörter verwendet?
   - Ist mein Satzbau grammatisch richtig?
   - Sind Sprache und Wortwahl angemessen?
   - Habe ich die notwendigen Fachbegriffe verwendet?
   - Habe ich die richtige Zeitform gewählt?

3. **Text rechtschriftlich überprüfen:**
   - Sind Rechtschreibung und Zeichensetzung korrekt?
   - Habe ich, wenn ich unsicher bin, die Wörter nachgeschlagen?

▶ Überarbeite deinen Aufsatz.

Eine Interpretation zu „Ein netter Kerl" von Gabriele Wohmann

Die Kurzgeschichte „Ein netter Kerl" von Gabriele Wohmann, die zuerst 1978 erschien, erzählt von dem Tischgespräch einer Familie über den Verlobten der Tochter Rita. Durch den Verlauf des Gesprächs wird deutlich, wie Vorurteile und mangelndes Vertrauen einen großen Konflikt verursachen können.

Der Geschichte ist ein Essen der Familie mit Ritas Verlobten, den die Familie bisher nur aus Erzählungen kannte, vorausgegangen. Rita hat ihren übergewichtigen Partner eingeladen, ohne aber ihren Angehörigen zu verraten, dass sie mit dem Mann verlobt ist. Auch während der Anwesenheit des Mannes erfährt die Familie nichts von der Verlobung.

Unmittelbar nachdem der Verlobte in Begleitung des Vaters zum Bahnhof aufgebrochen ist, um nach Hause zu fahren, beginnt die Kurzgeschichte in einer „Atempause" (Z. 1) mit einer Stellungnahme Nannis, einer Schwester Ritas, über den Verlobten. Nanni findet den Verlobten „entsetzlich" (Z. 2). Im Folgenden macht sie sich über das Äußere des Manns lustig, den sie wegen seiner Weichheit mit einem „Molch" (Z. 7) und mit „Schlamm" (Z. 7) vergleicht und später sogar als „große fette Qualle" (Z. 36f.) bezeichnet. Im Ganzen macht sie deutlich, dass sie sich vor dem Mann ekelt (Z. 21f.) und nichts mit ihm zu tun haben will.

Nanni möchte ihre Mutter und Schwester mit ihren Kommentaren dazu bringen, in ihre Lästereien über den Mann einzustimmen und mit ihr den Mann auszulachen. Zunächst noch „beschämt" (Z. 10) lässt sich die Mutter anstecken. Milene dagegen hält sich zurück und geht nicht auf das Äußere des Mannes und die Lästereien Nannis ein. Stattdessen hebt sie hervor, dass der Mann für sie „was Liebes" (Z. 9) und „was Insichruhendes" (Z. 17) habe. Als der Vater vom Bahnhof zurückkommt, fügt sich sein Hinweis, dass der Mann „ängstlich" gewesen sei, nahtlos in die Abwertungen Nannis und der Mutter ein.

Als Rita erklärt, der Mann lebe bei seiner Mutter (Z. 25), kommt es wohl zu einem Missverständnis. Im Glauben, dass sich nun auch Rita über den Mann lustig mache, brechen ihre Eltern und Geschwister in ein lautes, gemeinschaftliches Gelächter aus. Die Familie bemerkt nicht, wie sehr sie Rita mit ihrem Gelächter verletzt. Dieses Lachen ist zugleich der Höhepunkt der Schmähungen. Nachdem sich die Familie wieder etwas beruhigt hat, gesteht Rita, dass sie sich mit dem Mann verlobt hat. Damit ist die Heiterkeit vorbei, und alle werden auf einmal wieder „gesittet und ernst" (Z. 43). Die Kurzgeschichte endet mit ein paar Floskeln der Eltern und den „gezähmten Lippen" (Z. 51) der Familie.

„Ein netter Kerl" trägt die wesentlichen Merkmale einer Kurzgeschichte. Sie setzt unmittelbar mit einem Gesprächsbeitrag Nannis ein, ohne dass der Leser etwas über die Vorgeschichte weiß. Diese erschließt sich ihm erst im Verlauf der Erzählung. Typisch für eine Kurzgeschichte ist ferner das offene Ende. Der Leser

erfährt nicht, wie sich die Familie zukünftig gegenüber Rita und ihrem Verlobten verhalten wird. Auch die Thematik ist typisch für eine Kurzgeschichte. Es wird eine Geschichte aus dem Alltag erzählt. Dass es sich hierbei um einen Konflikt in einer Familie handelt, der das weitere Zusammenleben stark beeinflussen wird, ist ebenfalls ein Merkmal dieser Gattung. Des Weiteren fällt in allen Bereichen der Geschichte ihre Kürze auf, die ja das wesentliche Merkmal der Kurzgeschichte ist. Die Dauer der Geschichte ist sehr kurz, nach ungefähr fünf Minuten ist die Handlung vorbei. Damit entspricht die erzählte Zeit in etwa der Erzählzeit. Außerdem werden die Personen nur sehr knapp beschrieben. Obwohl wir wissen, dass der Verlobte Ritas übergewichtig ist, würden wir ihn wohl nicht auf der Straße erkennen, so gering sind die Informationen über sein Äußeres. Wir erfahren nur von den Frauen die Vornamen, wie die Männer heißen, bleibt ein Geheimnis des Erzählers. Der Erzähler schließlich bleibt im Hintergrund und dokumentiert das Geschehen, ohne es aber zu kommentieren. Diese Art des neutralen Erzählens ist oft bei Kurzgeschichten vorzufinden, deren Ziel es ist, dass der Leser und nicht der Erzähler die Ereignisse kommentiert und deutet.

Ein Großteil des Textes besteht aus den Gesprächsbeiträgen der Familienmitglieder. Dabei versucht der Erzähler die Beiträge sehr realistisch wiederzugeben. So fällt auf, dass die Sätze oft elliptisch bleiben („Und auch die Hand, so weich", Z. 7). Dazu passt, dass die meisten Redebeiträge parataktisch geschrieben sind. Wie bei realistischen Gesprächen werden Vergleiche verwendet, um etwas zu veranschaulichen. Vor allem Nanni tut sich hier hervor, wenn sie Ritas Verlobten mit einem „Molch", mit „Schlamm" und einer „Qualle" vergleicht bzw. gleichsetzt. Die Aussagen werden zudem durch Wiederholungen verstärkt. So betont Milene zweimal, dass der Verlobte „was Liebes" an sich habe, auch der Vater sagt zweimal, dass der Mann „ängstlich" gewesen sei.

An Nanni fällt besonders der Sarkasmus auf, mit dem sie sich in den Vordergrund spielt und das Wort an sich reißt. Im Gegensatz zu ihrer Großspurigkeit stehen aber die Adjektive „kurz" und „klein", mit denen ihre Nase und Gesicht (Z. 14) sowie ihr Bauch (Z. 36) bezeichnet werden. Ich verstehe diese Antithese als Hinweis darauf, dass Nanni noch nicht über die richtige Größe verfügt, um Menschen angemessen beurteilen zu können.

Der Sarkasmus Nannis wird am Ende von Rita aufgegriffen und gespiegelt, als sie lacht und die Worte Nannis verwendet (Z. 44). Durch diese Revanche verhält sie sich in gewisser Weise genauso unreif wie ihre Schwester. Unter welcher wachsenden Anspannung Rita während des Gesprächs steht, wird durch eine dreistufige Klimax verdeutlicht. Als die Lästereien über ihren Verlobten beginnen, hält sie sich zunächst nur „mit den Händen am Stuhl fest" (Z. 5), als er ausgelacht wird, drückt sie „die Fingerkuppen fest ans Holz" (Z. 16) und als

schließlich ihre ganze Familie lacht, wird das Holz unter ihren Fingerkuppen sogar „klebrig" (Z. 27).
Gegen Ende der Kurzgeschichte fallen die Floskeln auf, mit denen die Eltern versuchen, die Situation zu retten, was ihnen aber nicht gelingt. Zwar wird der Verlobte wie im Titel als „ein netter Kerl" (Z. 46) bezeichnet. Doch die Begründung für diesen plötzlichen Gesinnungswandel bleibt die Familie schuldig. Die Floskeln werden abgelöst von dem Bild der „gezähmten Lippen" (Z. 51). Nach den Schmähungen und den Floskeln herrscht also Schweigen. Die Situation in der Familie hat sich grundlegend geändert, es muss ein Neuanfang gemacht werden.
Meiner Meinung nach verhält sich kein Mitglied in der Familie richtig oder vorbildlich. Am auffälligsten ist Nannis Verhalten. Ohne Grund fällt sie über den Verlobten Ritas her und beschimpft ihn. Weil sie im Text mit den Adjektiven „kurz" und „klein" beschrieben wird, kann man ihr Verhalten vielleicht damit begründen, dass sie bisher zu kurz gekommen ist. Leider erfahren wir nichts Genaueres über die Gründe für Nannis Verhalten.
Die Mutter und Milene lassen sich von Nannis Schmähungen hinreißen, auch wenn sie zunächst noch das Positive in Ritas Verlobten sehen wollen oder sich zumindest Sorgen um seine Gesundheit machen. Für mich sind die beiden typische Mitläufer. Ähnlich bewerte ich auch das Verhalten des Vaters, der gleich nach seiner Rückkehr vom Bahnhof in das Gelächter seiner Familie einsteigt, ohne die genauen Hintergründe des Gesprächs zu kennen.
Möglich werden die Beschimpfungen aber nur, weil Rita ihrer Familie die Verlobung verschwiegen hat. Es scheint fast so, als wolle sie ihre Familie testen. Warum sie diesen Test aber durchführt, wird nicht ersichtlich. Tatsache aber ist, dass sie durch ihr Verhalten große Unruhe in die Familie bringt.
Im Ganzen sagt die Kurzgeschichte für mich aus, dass man nicht aufgrund des Äußeren und einer kurzen Begegnung eine Person beurteilen kann und sollte. Das Beispiel Nannis beweist, dass diese Urteile eigentlich nur Vorurteile sein können. Die Mutter und Milene zeigen mir, dass man sich davor hüten sollte, sich mitreißen zu lassen, was die Meinungsbildung angeht. Es ist besser, seinem eigenen kritischen Verstand zu trauen, als die Ansichten anderer ungefragt zu übernehmen. Ritas Verhalten zeigt mir, dass es besser ist, ehrlich zu sein und keine wichtigen Dinge, wie eine Verlobung, zu verschweigen. Nur weil sie ihrer Familie offensichtlich nicht traut, konnte es zu diesem Konflikt kommen.

▶ Untersuche den Aufbau der Interpretation und vergleiche ihn mit dem Schreibplan: *Einleitung = Z. 1 – 4 …*

▶ Jeder interpretiert die Kurzgeschichte „Ein netter Kerl" anders. Vergleiche deinen Aufsatz mit dem Text oben. Stelle Gemeinsamkeiten und Unterschiede fest.

Selbstbeurteilungsbogen

▶ Der folgende Selbstbeurteilungsbogen hilft dir, die Gelungenes und Fehler in deinem Aufsatz zu erkennen. Gehe den Bogen Schritt für Schritt durch. In der rechten Spalte findest du Hinweise für die Nachbearbeitung.

Frage	Ja	Nein	Das könnte ich noch tun ...
Habe ich die Aufgabenstellungen beachtet?			• Markiere die Arbeitsaufträge und formuliere sie mit eigenen Worten.
Habe ich die Operatoren richtig verstanden?			• Schlage die Bedeutung der Operatoren nach. • Beachte: Die in der Aufgabenstellung genannten Untersuchungsaspekte sind nur ein Teil der Interpretation. Sie müssen in eine vollständige Analyse eingebaut werden. • Wiederhole: Welche Aspekte gehören zu einer Textanalyse? • Wie beurteilt man einen Text?
Habe ich den Text mit der Sechs-Schritt-Lesemethode erschlossen?			• Wiederhole die Sechs-Schritt-Lesemethode. • Prüfe, ob du einen wichtigen Schritt vergessen hast.
Habe ich den Inhalt des Textes richtig zusammengefasst?			• Formuliere für die Einleitung in einem Satz, worum es in dem Text geht. • Schreibe nur, was wichtig ist und streiche Überflüssiges weg. • Schreibe deine Inhaltsangabe im Präsens. • Wiederhole die Arbeitstechnik Inhalte zusammenfassen.
Habe ich die wörtliche Rede richtig wiedergegeben?			• Schreibe direkte Rede in indirekte Rede um. Verwende dabei den Konjunktiv oder dass-Sätze.

Frage	Ja	Nein	Das könnte ich noch tun …
Habe ich den Text auf seine Merkmale hin untersucht?			• Benenne immer die Textsorte des Textes und begründe dies am Text, auch wenn es nicht in der Aufgabe verlangt wird.
Habe ich eine Vorstellung von der Bedeutung des Textes entwickelt?			• Formuliere deine Vermutungen zu den möglichen Untersuchungsschwerpunkten. • Analysiere einzelne Aspekte (Aufbau, Figuren, Sprache ...) und setze sie in Bezug zu deinen Untersuchungsschwerpunkten. • Achte darauf, was in dir als Leserin bzw. Leser beim Lesen des Textes vorgeht.
Habe ich die sprachlichen Mittel untersucht und ihre Wirkung an Beispielen dargestellt?			• Achte darauf, wie die Personen sprechen und wie das auf dich wirkt. • Prüfe, ob im Text Sprachbilder oder Metaphern vorkommen. • Benenne die Sprachformen der Personen. • Notiere dir beim Lesen sprachliche Auffälligkeiten an den Rand.
Habe ich die Analyse strukturiert?			• Gliedere deine Analyse nach Aspekten. • Gliedere deinen Text in Absätze.
Habe ich meine Beurteilung der Erzählung begründet?			• Überlege, welche Gesichtspunkte du bei der Beurteilung anwendest. • Vergiss nicht, dein Urteil zu begründen.
Habe ich beschreibende und deutende Textteile aufeinander bezogen?			• Dein Text sollte verständlich sein, auch wenn man die Geschichte nicht vorliegen hat. Stelle daher immer zunächst dar, was du deutest. • Wenn du etwas beschreibst, dann vergiss nicht zu deuten, sonst bleibt deine Analyse bei der bloßen Umschreibung der Erzählung stehen. • Nutze Satzverknüpfungswörter und mache so deutlich, wie sich deine Textteile und Sätze aufeinander beziehen.

Frage	Ja	Nein	Das könnte ich noch tun ...
Habe ich mich präzise, genau und abwechslungsreich ausgedrückt?			• Prüfe den Text auf unnötige Wortwiederholungen. • Kannst du wiederholt auftretende Wörter durch ähnliche ersetzen? • Hast du genau das gesagt, was du gemeint hast? • Hast du Fachbegriffe verwendet? • Hast du Umgangssprache vermieden? • Verbessere deinen Text durch die Ersatzprobe.
Habe ich die Sätze richtig, angemessen und abwechslungsreich formuliert?			• Ist jeder Satz vollständig? • Sind die Sätze übersichtlich gebaut und nicht verschachtelt? • Beginnen die Sätze mit verschiedenen Satzgliedern? Führe die Umstellprobe durch.
Habe ich richtig zitiert?			• Setze deine Zitate in Anführungszeichen. • Kennzeichne ausgelassene Stellen (...). • Gib nach dem Zitat die entsprechende Zeile in Klammern an *(Z. 35)*.

1.2 Einen lyrischen Text analysieren und interpretieren

Im Folgenden wird dir an einem Beispiel mit Aufgabenstellung vorgestellt, worauf du bei einer Analyse eines lyrischen Textes achten musst. Dabei wird die Gedichtanalyse in sechs Arbeitsschritte eingeteilt:

1. Sich über die Aufgabenstellung und das Gedicht orientieren
2. Das Gedicht lesen und Inhalte erfassen
3. Das Gedicht untersuchen und auswerten, die Stellungnahme vorbereiten
4. Einen Schreibplan anlegen
5. Eine Gedichtanalyse schreiben
6. Die Gedichtanalyse überarbeiten

Erster Schritt: Sich über die Aufgabenstellung und das Gedicht orientieren

Zunächst solltest du dich mit der Aufgabenstellung vertraut machen. Von dem richtigen Verständnis der Aufgabenstellung hängt es ab, ob du eine gute Analyse des Gedichts schreiben kannst.

Aufgabenstellung:

1. Analysiere und interpretiere das Gedicht „Augen in der Groß-Stadt" von Kurt Tucholsky.
   a) Fasse den Inhalt des Gedichts zusammen.
   b) Untersuche die Darstellung der Großstadt. Gehe dabei besonders auf die Form des Gedichtes und die sprachlichen Mittel ein.
2. Setze dich mit der Frage auseinander, ob die Darstellung und Beschreibung der Stadt auf das Leben in einer Großstadt im 21. Jahrhundert übertragen werden kann.

▶ In der Aufgabenstellung sind die Anweisungen unterstrichen. Diese Anweisungen nennt man Operatoren. Du musst sie genau beachten, um die Aufgaben richtig lösen zu können. Auf S. 152 – 156 kannst du die Operatoren nachschlagen. Suche die Operatoren für die Aufgabenstellung oben heraus. Mache dir bewusst, was von dir erwartet wird.

Verschaffe dir einen Überblick über das Gedicht: Worum geht es?

▶ Lies die Überschrift und überfliege den Text.

Augen in der Groß-Stadt (1930)

Kurt Tucholsky

Wenn du zur Arbeit gehst
am frühen Morgen,
wenn du am Bahnhof stehst
mit deinen Sorgen:
        da zeigt die Stadt
        dir asphaltglatt
    im Menschentrichter
    Millionen Gesichter:
Zwei fremde Augen, ein kurzer Blick,
die Braue, Pupillen, die Lider –
Was war das? Vielleicht dein Lebensglück ...
vorbei, verweht, nie wieder.

Du gehst dein Leben lang
auf tausend Straßen;
du siehst auf deinem Gang,
die dich vergaßen.
        Ein Auge winkt,
        die Seele klingt;
    du hasts gefunden,
    nur für Sekunden ...
Zwei fremde Augen, ein kurzer Blick,
die Braue, Pupillen, die Lider;
Was war das? Kein Mensch dreht die Zeit zurück ...
vorbei, verweht, nie wieder.

Du musst auf deinem Gang
durch Städte wandern;
siehst einen Pulsschlag lang
den fremden Andern.
        Es kann ein Feind sein,
        es kann ein Freund sein,
        es kann im Kampfe dein
        Genosse sein.
    Es sieht hinüber
    und zieht vorüber ...
Zwei fremde Augen, ein kurzer Blick,
die Braue, Pupillen, die Lider.
Was war das?
        Von der großen Menschheit ein Stück!
Vorbei, verweht, nie wieder.

Zweiter Schritt: Das Gedicht lesen und Inhalte erfassen

Mache dich mit dem Gedicht vertraut. Dazu ist es auch notwendig, alle unbekannten Begriffe mit dem Wörterbuch oder aus dem Textzusammenhang zu klären.

- ▶ Lies dir das Gedicht genau durch.
  - Kläre die Textstellen und Wörter, die dir unklar sind.
  - Markiere Textstellen, die dir besonders wichtig erscheinen.

Dritter Schritt: Das Gedicht untersuchen und auswerten, Stellungnahme vorbereiten

In der ersten Aufgabe wird von dir verlangt, dass du das Gedicht von Kurt Tucholsky analysierst bzw. interpretierst. Bei einer Gedichtanalyse ist es sehr wichtig, dass du die formalen und sprachlichen Mittel sowie den Inhalt des Gedichts erkennst. Nur wenn du Form, Sprache und Inhalte aufeinander beziehst, kannst du in deiner Interpretation umfassend zeigen, wie das Gedicht auf dich wirkt und wie du es verstehst, deutest und beurteilst. Analyse und Interpretation gehören zusammen.

In der folgenden Übersicht sind die wichtigsten Fragen zusammmengestellt, die du bei der Analyse und Interpretation eines Gedichts berücksichtigen musst. Allerdings hängt es vom Text und von den Aufgabenstellungen ab, ob es sinnvoll und notwendig ist, alle Fragen zu beantworten.

Ein Gedicht analysieren

Bereich	Fragestellung
Inhalt/Gedankliche Struktur des Gedichts	• Wovon handelt das Gedicht? Ist ein zentrales Thema zu erkennen? • Was wird in dem Gedicht beschrieben (z. B. Stimmungen und Gefühle, Personen, Ereignisse und Handlungen, Landschaften und Orte, eine Jahreszeit …)? • Kannst du inhaltliche Bezüge zwischen den Strophen feststellen? • Wie wird das Thema in dem Gedicht ausgeführt? Gibt es eine Entwicklung, Steigerungen, Gegensätze? • Wie ist die Atmosphäre, die Stimmung in dem Gedicht? • Welche Motive kannst du finden? Werden die Motive entwickelt? • Welchen Bezug hat der Titel zum Gedicht?

Bereich	Fragestellung
Form des Gedichts	• Kannst du das Gedicht einer dir bekannten Form zuordnen? • Wie sind die Strophen aufgebaut? Werden sie besonders angeordnet? Aus wie vielen Versen bestehen die einzelnen Strophen? • Wenn vorhanden, welches Reimschema liegt vor? • Kannst du ein Metrum ermitteln? Welches?
Lyrisches Ich	• Gibt es in dem Gedicht ein lyrisches Ich? • Welche Haltung und Meinung hat das lyrische Ich zum Thema (beispielsweise Nähe, Distanz, äußert es Gefühle, Gedanken …)
Sprachliche Mittel	• Werden bestimmte Wortarten oder Wörter auffällig oft verwendet? Welche Wirkung entsteht dadurch? • Welche besonderen Sprachformen oder Sprachbilder (Metaphern) findest du? Welche Vorstellungen wecken die Bilder in dir? • Welche Stilmittel fallen dir auf? Welche Wirkung haben sie? • Welche Besonderheiten im Bereich der Laute gibt es? Was bewirken sie? • Welche Auffälligkeiten im Satzbau und an der Wortstellung entdeckst du? Was bewirken sie?

▶ Erstelle auf einem A4-Blatt oder auf einer Karteikarte eine Mindmap, aus der hervorgeht, worauf du bei einer Analyse und Interpretation von Gedichten achten musst. Benutze die Mindmap als Lernkarte.

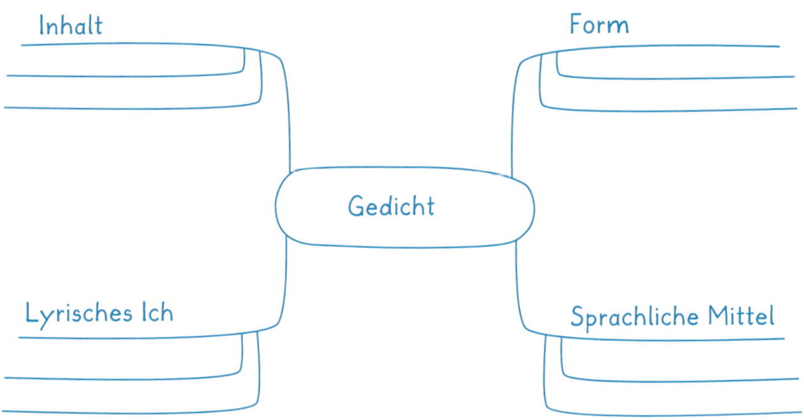

Ein Gedicht beurteilen

Es wird in der zweiten Aufgabe von dir verlangt, dass du dich mit dem Gedicht auseinandersetzt. Zu den folgenden Bereichen musst du Aussagen formulieren können. Es wird aber nicht immer jeder Bereich abgefragt. Achte deshalb genau auf die Fragestellung.

Bereich	Fragestellung
Bedeutung	• Wie wirkt das Gedicht auf den heutigen Leser, wie wirkt es auf dich? • Welche gesellschaftliche Aussage oder Wirkung hat oder hatte der Text?
Beurteilung	• Welche formalen und sprachlichen Mittel machen das Gedicht interessant? • Wie beurteilst du das zentrale Thema des Gedichts?

▶ Führe eine Analyse des Gedichts „Augen in der Groß-Stadt" von Kurt Tucholsky durch. Notiere deine Ergebnisse in Stichworten, als Cluster oder Mindmap.

Vierter Schritt: Einen Schreibplan anlegen

Wenn du eine Gedichtanalyse planst und später schreibst, teilst du anderen mit, wie du das Gedicht verstehst. Wie das Schreiben einer Interpretation zu einer Erzählung, so ist auch die Analyse und Deutung eines Gedichts etwas sehr Persönliches. Allerdings muss deine schriftliche Interpretation durch Hinweise auf Besonderheiten und bestimmte Merkmale des Textes verständlich, nachvollziehbar und begründet sein. Verfasse deine Interpretation so, als würdest du sie für jemanden schreiben, der das Gedicht nicht kennt.

Wichtig ist, dass du dir über die Gliederung deines Aufsatzes Gedanken machst. Deine Ergebnisse sollten sinnvoll aufeinander aufbauen. Jeder neue Aspekt sollte in einem eigenen Absatz dargestellt werden.

Meistens werden dir durch die Aufgabenstellung Schwerpunkte gesetzt, die du bei der inhaltlichen Reihenfolge deiner Gedichtanalyse berücksichtigen solltest.

Ein Schreibplan hilft dir, deine Gedanken zu ordnen, Wichtiges von Unwichtigem zu trennen, Schwerpunkte zu setzen. Er kann so aussehen, wie auf der folgenden Seite. Du kannst ihn auch durch weitere Stichwörter, die sich auf deine vorbereitenden Ausarbeitungen beziehen, ergänzen.

Schreibplan für eine Gedichtanalyse/-interpretation

Schreibplan

Einleitung:
Vorstellung des Gedichts mit Titel, Autor, Textart, Thema

Hauptteil:
- Inhaltliche Zusammenfassung der Ereignisse/Gedanken/Stimmungen
- Analyse der Form des Gedichts
- Analyse der Perspektive und der sprachlichen Mittel sowie deren Bedeutung für die Aussage des Gedichts

Schluss:
Eigene Stellungnahme zum Gedicht

▶ Entwirf einen Schreibplan zur Aufgabenstellung des Gedichts „Augen in der Groß-Stadt" von Kurt Tucholsky.

Fünfter Schritt: Eine Gedichtanalyse schreiben

Nach diesen Vorbereitungen schreibst du deinen eigenen zusammenhängenden Text. Dazu gehört Folgendes:

- Ausformulieren der Stichworte bzw. der Mindmap in ganzen Sätzen zu einem zusammenhängenden Text,
- Formulieren von Überleitungen zwischen den Textteilen,
- durch Satzverknüpfungswörter Sätze verbinden,
- durch sprachliche und stilistische Mittel den Text interessant gestalten,
- durch die Verwendung von Fachbegriffen präzise schreiben,
- durch Zitate wichtige Aussagen über den Text belegen.

▶ Schreibe nach deinem Schreibplan eine Interpretation zum Gedicht „Augen in der Groß-Stadt" von Kurt Tucholsky.

Sechster Schritt: Die Textanalyse überarbeiten

Kein Aufsatz ist nach dem ersten Niederschreiben perfekt. Deshalb solltest du deinen Text noch mal durchlesen und gegebenenfalls überarbeiten. Dazu hilft die Checkliste:

CHECKLISTE

1. Text inhaltlich überarbeiten:
- Habe ich die Aufgabenstellung genau beachtet?
- Ist das Thema vollständig dargestellt?
- Habe ich mein Schreibziel erreicht?
- Habe ich meine Pläne umgesetzt?

Vergleiche deinen Aufsatz mit deinen Auswertungen und deinem Schreibplan.

2. Text sprachlich überarbeiten:
- Ist mein Text verständlich?
- Sind meine Ausführungen logisch aufgebaut?
- Habe ich jeden neuen Gedanken in einem eigenen Absatz dargestellt?
- Habe ich Überflüssiges gestrichen?
- Bin ich beim Thema geblieben?
- Unterstützen meine Überleitungen den inneren Zusammenhang meines Textes?
- Stimmen die Zitate und habe ich die Zitate in Anführungsstriche gesetzt und mit den Strophen- und Versangaben versehen?
- Habe ich Satzverknüpfungswörter verwendet?
- Ist mein Satzbau grammatisch richtig?
- Sind Sprache und Wortwahl angemessen?
- Habe ich Fachbegriffe verwendet?
- Habe ich die richtige Zeitform gewählt?

3. Text rechtschriftlich überprüfen:
- Sind Rechtschreibung und Zeichensetzung korrekt?

▶ Überarbeite deinen Aufsatz.

Eine Interpretation zu „Augen in der Groß-Stadt“ von Kurt Tucholsky

Das Gedicht „Augen in der Groß-Stadt“ wurde zuerst 1930 veröffentlicht. In dem Gedicht beschäftigt sich Kurt Tucholsky mit den flüchtigen Kontakten der Menschen in der Großstadt.

In der ersten Strophe beschreibt das lyrische Ich den allmorgendlichen Gang zur Arbeit (Strophe 1, Vers 1). Angesprochen wird der Leser mit „du“. Ich denke jedoch, dass damit keine persönliche Ansprache verbunden ist. Vielmehr könnte jeder damit gemeint sein, denn es wird ein ganz alltäglicher Vorgang dargestellt: der Gang zum Bahnhof, die alltäglichen Sorgen, worüber wir nichts Genaues erfahren. Auf diesem Gang zur Arbeit begegnen uns „Millionen Gesichter“, von denen wir aber nur flüchtig „zwei fremde Augen“ und „die Braue, Pupillen, Lider“ (Strophe 1, Vers 9 und 10) sehen, also nur einen Ausschnitt. Diese Flüchtigkeit verhindert auch das mögliche „Lebensglück“ (Strophe 1, Vers 11): „vorbei, verweht, nie wieder“.

In der zweiten Strophe wird diese flüchtige Begegnung auf das ganze Leben übertragen und der Blick ist rückwärts gewandt: Vielen begegnet man, die uns vergessen haben, denn immer sind diese Kontakte nur Momente, „Augen-Blicke“, die keinen Bestand haben. Selbst wenn diese Begegnungen bedeutsam sind, und „die Seele klingt“ (Strophe 2, Vers 6), in Sekundenschnelle ist alles vorbei.

Auch die dritte Strophe beschreibt kurze Begegnungen in der Stadt mit dem „fremden Andern“, die alle Möglichkeiten in sich bergen: Jeder kann „Freund“, „Feind“ oder „Genosse“ „im Kampfe“ (Strophe 3, Vers 5 – 8) sein. Und all diese Begegnungen zeigen ein „Stück“ von der „großen Menschheit“ (Strophe 3, Vers 14), das aber durch die Flüchtigkeit nicht festzuhalten ist.

Diese Begegnungen in der „Groß-Stadt“ werden in drei ungefähr gleich langen Strophen dargestellt. Die ersten beiden Strophen werden in drei Vierzeiler gegliedert, die durch den ungewöhnlichen Satz des Gedichts voneinander abgehoben werden. So wird der erste Vierzeiler ganz links auf der Seite gesetzt, die ersten zwei Verse des zweiten Vierzeilers werden sehr weit rechts platziert, die folgenden zwei Verse etwas mehr links. Der dritte Vierzeiler erscheint wie das erste wieder ganz links. Bei der letzten Strophe wird aber diese Anordnung durchbrochen, weil die ersten beiden Verse des mittleren Strophenteils um zwei Verse erweitert werden.

Des Weiteren ist mir aufgefallen, dass das Reimschema wechselt. Im ersten und dritten Vierzeiler wird der Kreuzreim verwendet, im mittleren Strophenteil der Paarreim. Den jeweils letzten Vierzeiler könnte man wegen der Wiederholungen als Refrain bezeichnen, nur der vorletzte Vers wird jedes Mal variiert.

Interessant finde ich die Reime. So entdecke ich einige unreine Reime wie „Blick“ – „Glück“ (Strophe 1, Vers 9 und 11, ähnlich in Strophe 2 und 3). Außerdem wird in Strophe 3 dreimal auf „sein“ gereimt, was ich sehr seltsam finde.

Durch die ungewöhnliche Anordnung der Strophen und Verse wirkt das Gedicht auf mich schon von der Gestaltung her sehr unruhig und hektisch. Man kann es nicht einfach so lesen, sondern muss sich auf dem Blatt zunächst orientieren, die Versanfänge suchen und aufpassen, dass man den richtigen Vers findet. Zu der Unruhe passen meiner Meinung nach das Versmaß und die Variationen der Länge der Verse. Zwar ist das Gedicht durchgängig im Jambus geschrieben und viele Verse sind parallel gebaut (z. B. Strophe 2, Vers 5 und 6), doch kann deshalb von Eintönigkeit keine Rede sein. Tatsächlich fällt es mir schwer, einen eindeutigen Rhythmus in dem Gedicht zu finden, weil man durch die Kürze der Verse beim Lesen schnell gestoppt wird. Der Rhythmus wird außerdem durch längere Verse (Strophe 3, Vers 11) gestört, bei denen man einen längeren Atem haben muss.
Die durch die Variationen der Verslänge und des Rhythmus hervorgerufene Hektik passt meines Erachtens gut zu dem Inhalt des Gedichts, da auch die Menschen in der Großstadt gehen bzw. wandern (Strophe 1, Vers 1; Strophe 2, Vers 1; Strophe 3, Vers 2), aber auch innehalten, stehen oder kurz schauen (Strophe 1, Vers 3; Strophe 2, Vers 3; Strophe 3, Vers 3). Insgesamt ist die Großstadt geprägt von Unruhe, Eile, hoher Geschwindigkeit. Sie hat einen eigenen unsteten Rhythmus. Die Bewohner sind kaum einzuschätzen, jeder kann Freund, Feind oder Genosse sein. Trotz der chaotischen und unwirtlichen Beschreibung bietet die Großstadt aber alles, was man benötigt: Lebensglück, Freundschaft, Liebe, Gemeinschaft. Es existiert aber nur für einen flüchtigen Moment. Dann ist das Glück wieder unwiderruflich fort („Vorbei, verweht, nie wieder" Strophe 1, Vers 12 und öfter).
Meines Erachtens kann man das Gedicht „Augen in der Groß-Stadt" recht gut auf unsere Gegenwart übertragen. Die Beschreibung des hektischen und unruhigen Lebens trifft sicherlich auch auf unsere heutigen Großstädte zu. Denn auch unsere Großstädte sind geprägt von Menschenmassen, die durch die Straßen eilen. Das hektische Treiben gehört immer noch zum Leben in der Großstadt dazu. Dabei kommt es natürlich immer wieder zu zufälligen Begegnungen. Wie wir unseren Gegenüber aber einzuschätzen haben, ob er Freund oder Feind ist, können wir auch heute nicht auf dem ersten Blick entscheiden. In diesem Zusammenhang verstehe ich auch den Titel des Gedichts. Man sollte mit geöffneten Augen durch die Großstadt gehen, um die jeweiligen Situationen sofort zu deuten, da sonst der geeignete Moment für das „Lebensglück" schon „verweht" ist und „nie wieder" kehrt.

▶ Jeder interpretiert das Gedicht „Augen in der Groß-Stadt" anders. Deshalb ist es sinnvoll, verschiedene Gedichtanalysen zu lesen. Vergleiche deinen Aufsatz mit dem obigen Text. Stelle Gemeinsamkeiten und Unterschiede fest.

Selbstbeurteilungsbogen

▶ Der folgende Selbstbeurteilungsbogen hilft dir, Gelungenes und Fehler in deinem Aufsatz zu erkennen. Gehe den Bogen Schritt für Schritt durch. In der rechten Spalte findest du Hinweise für die Nachbearbeitung.

Frage	Ja	Nein	Das könnte ich noch tun …
Habe ich die Aufgabenstellungen bei der Bearbeitung berücksichtigt?			• Markiere die Operatoren. • Formuliere die Arbeitsaufträge mit eigenen Worten.
Habe ich die Operatoren richtig verstanden?			• Schlage die Bedeutung der Operatoren nach. • Beachte: Die in der Aufgabenstellung genannten Untersuchungsaspekte sind nur ein Teil der Interpretation. Sie müssen in eine vollständige Analyse eingebaut werden. • Schlage nach: Welche Aspekte gehören zu einer Gedichtanalyse? • Wie beurteilt und deutet man ein Gedicht?
Habe ich das Gedicht mit der Sechs-Schritt-Lesemethode erschlossen?			• Wiederhole die Sechs-Schritt-Lesemethode. • Prüfe, ob du einen wichtigen Schritt vergessen hast.
Habe ich den Inhalt bzw. die Gedanken des Gedichts richtig zusammengefasst?			• Formuliere in einem Satz, worum es in dem Gedicht geht. • Schreibe deine Ergebnisse im Präsens. • Schreibe nur, was wichtig ist, und streiche Überflüssiges weg. • Formuliere genau und verbessere deine Texte durch Umstell- und Ersatzprobe. • Wiederhole die Arbeitstechnik Inhalte zusammenfassen.

Frage	Ja	Nein	Das könnte ich noch tun ...
Habe ich das Gedicht auf seine formalen Merkmale hin untersucht?			• Untersuche immer die formalen Merkmale eines Gedichts, wie Gedichtform, Strophenaufbau, Reimform, Metrum.
Habe ich eine Vorstellung von der Bedeutung des Gedichts entwickelt?			• Formuliere deine Vermutungen zu den möglichen Untersuchungsschwerpunkten. • Analysiere einzelne Aspekte (Aufbau, Figuren, Sprache ...) und setze sie in Bezug zu deinen Untersuchungsschwerpunkten. • Achte darauf, was in dir als Leserin bzw. Leser beim Lesen des Textes vorgeht.
Habe ich die sprachlichen Mittel untersucht und ihre Wirkung an Beispielen dargestellt?			• Untersuche, welche Sprachbilder oder Metaphern vorkommen. • Untersuche die Wirkung der Stilmittel. • Notiere dir beim Lesen sprachliche Auffälligkeiten an den Rand.
Habe ich meine Beurteilung bzw. Deutung des Gedichts begründet?			• Überlege, welche Kriterien (Maßstäbe) du bei der Beurteilung anwendest. • Vergiss nicht, dein Urteil bzw. deine Deutung zu begründen.
Habe ich die Analyse strukturiert?			• Gliedere deine Analyse nach Aspekten. • Gliedere deinen Text in Absätze.
Habe ich beschreibende und deutende Textteile aufeinander bezogen?			• Dein Text sollte verständlich sein, auch wenn man das Gedicht nicht vorliegen hat. Stelle daher immer zunächst dar, was du deutest. • Wenn du etwas beschreibst, dann vergiss nicht zu deuten, sonst bleibt deine Analyse bei der bloßen Umschreibung des Gedichts stehen. • Nutze Satzverknüpfungswörter und mache so deutlich, wie sich deine Textteile und Sätze aufeinander beziehen.

Frage	Ja	Nein	Das könnte ich noch tun ...
Habe ich mich präzise, genau und abwechslungsreich ausgedrückt?			• Prüfe den Text auf unnötige Wortwiederholungen. • Kannst du wiederholt auftretende Wörter durch ähnliche ersetzen? • Hast du genau das gesagt, was du gemeint hast? • Kannst du manches noch genauer ausdrücken? Hast du Fachbegriffe verwendet? • Hast du Umgangssprache vermieden?
Habe ich die Sätze richtig, angemessen und abwechslungsreich formuliert?			• Ist jeder Satz vollständig? • Sind die Sätze übersichtlich gebaut und nicht verschachtelt? • Beginnen die Sätze mit verschiedenen Satzgliedern? Führe die Umstellprobe durch.
Habe ich richtig zitiert?			• Setze deine Zitate in Anführungszeichen. • Kennzeichne ausgelassene Stellen durch (...). • Gib nach dem Zitat die entsprechende Strophe und den Vers in Klammern an (*Strophe 2, Vers 1*).

1.3 Einen literarischen Text fortsetzen

Es kann von dir verlangt werden, einen literarischen Text fortzusetzen. Das setzt voraus, dass du ihn vorher analysiert und interpretiert hast. Dass deine Fortsetzung folgerichtig an den Text anschließt, stellst du in einer anschließenden Erläuterung dar. Das folgende Beispiel zeigt, was du dabei beachten musst. Der Verlauf der Arbeit umfasst sechs Schritte:

1. Sich über die Aufgabenstellung und den Ausgangstext orientieren
2. Den Ausgangstext lesen und Inhalte erfassen
3. Den Ausgangstext untersuchen, auswerten und eigene Schreibideen entwerfen
4. Einen Schreibplan anlegen
5. Eine Fortsetzung schreiben und erläutern
6. Die Fortsetzung und die Erläuterung überarbeiten

Erster Schritt: Sich über die Aufgabenstellung und den Ausgangstext orientieren

Zunächst machst du dich mit der Aufgabenstellung vertraut. Von dem richtigen Verständnis der Aufgabe hängt es ab, ob du eine passende Fortsetzung einer Geschichte schreibst.

Aufgabenstellung:

1. Gestalte auf der Grundlage des Ausschnitts aus dem Jugendroman „So lonely" von Per Nilsson eine Fortsetzung.
2. Erläutere deine Wahl der Inhalte und der Gestaltung.

▶ Schlage die unterstrichenen Operatoren nach. Beachte sie genau, um die Aufgaben richtig lösen zu können.

So lonely (1996 – Textauszug)

Per Nilsson

Die Busfahrt zur Schule war zu zehn Minuten Glück geworden. Zehn Minuten seiner Busfahrt waren reines Glück.

Jeden Montagmorgen, Dienstagmorgen und Donnerstagmorgen fuhren sie miteinander zur Schule. Wenn es ihm gelang, bis zu ihrer Haltestelle den Platz neben sich freizuhalten, saßen sie nebeneinander, sonst standen sie nebeneinander. In dem überfüllten Bus besaßen sie gemeinsam eine einsame Insel: Eine Sitz-Insel oder eine Steh-Insel, wo sie redeten und redeten und redeten.

Und lachten und kicherten.

Und redeten und redeten.

Komisch. Reden war ihm bisher immer schwergefallen.

Mit ihr fiel es ihm leicht.

Es lief von ganz allein. Er musste nicht nach Worten suchen, die richtigen Bemerkungen fielen ihm nicht erst zehn Minuten zu spät ein wie sonst immer, und sie hatten immer jede Menge Gesprächsstoff. Unendlich viel Gesprächsstoff und die Busfahrten waren so erbärmlich kurz.

Sie brachte ihn zum Reden.

In Gedanken hatte er sich immer so als TR-Menschen bezeichnet.

„Ein TR-Mensch, was ist das?“, fragte sie neugierig. „Bist du in einer geheimen Sekte oder was?“

„Nein, aber ... Es gibt eine Menge TR-Wörter. TRüb und TRist und TRaurig und TRanig und TRottelig und TRivial und TRagisch und TRäg und TRostlos ... das alles bin ich.“

„Klarer Fall von mangelndem Selbstvertrauen!“ Sie lachte und schüttelte den Kopf. „Du musst total down sein.“

„Nein, ich hab kein mangelndes Selbstvertrauen“, protestierte er. „Ich kenne mich nur selbst, ich ...“

„Es gibt auch N-Wörter!“, unterbrach sie ihn.

„Ich weiß. Niete!“

„Nett!“

„Ich hasse NETT!“

Sie nickte.

„Mm. Nett ist trist.“

„Mm.“ Nach kurzem Schweigen sagte sie:

„Normal.“

„Normalverbraucher“, sagte er.

„Normalverbraucherberater“, sagte sie.

„Normalverbraucherberaterausbildung“, sagte er.

„Normalverbraucherberaterausbildungsanstalt“, sagte sie.

„Ich geb mich geschlagen“, sagte er.

„Trist“, sagte sie. „Trübe Tasse.“

„Hab ich doch gesagt.“

„Okay, dann bist du eben nicht direkt nett“, sagte sie, als er aussteigen wollte.

„Freut mich zu hören.“

„Aber direkt unnett bist du auch nicht“, sagte sie und machte eine Schnute.

Dreimal in der Woche zehn Minuten waren zu wenig, fand er. Ganz entschieden zu wenig.

„Deine Englischlehrerin hat angerufen", sagte seine Mutter eines Abends mit ernster Stimme.
„Frau Hammar."
„Der Hammer", murmelte er und wusste, was jetzt kommen würde.
„Sie hat erzählt, dass du viermal hintereinander am Mittwoch im Englischunterricht gefehlt hast. Naa ...?"
Er hätte antworten können: Ich hab ein hübsches Mädchen getroffen, das in meinem Bus mitfährt, und mittwochs fängt sie immer erst um zehn an, darum musste ich den Englischunterricht schwänzen, um sie treffen zu können. Das verstehst du doch, Mama ... ? „Äh ... äh ... der Zahnarzt ... zweimal war's der Zahnarzt ... und einmal, da hab ich geglaubt, wir hätten frei, weil wir am Abend in diesen englischen Film gehen wollten, das weißt du doch noch, und dann ... dann ... ja, dann bin ich einmal im Bus eingepennt, doch, ehrlich, bin erst an der Endhaltestelle aufgewacht ..."
Seine Mutter sah ihn an.
„Du lügst", sagte sie kurz.
Er schwieg.
„Außerdem lügst du schlecht", sagte sie. „Aber dafür ziemlich komisch."
Er sagte nichts.
„Aber ab jetzt gehst du mittwochs in den Englischunterricht, ist das klar?", sagte sie. „Ich möchte keinen Anruf mehr vom Hammer bekommen."
Er nickte. „Klaro". Er seufzte.
Auf dem Heimweg gelang es ihm selten, denselben Bus zu erwischen wie sie. Und wenn es ab und zu doch klappte und er einen roten Haarschopf leuchten sah und diese sprudelnde Freude schon in ihm hochsteigen wollte, musste er sich bremsen, wenn er feststellte, dass sie nicht allein war. Auch wenn sie ihn dann entdeckte und fröhlich winkte, blieb er in einiger Entfernung stehen, ohne zu ihr und ihren Freunden hinzugehen.
Er wollte sie für sich allein haben. Auf ihrer Insel war nur Platz für zwei. Aber manchmal hatte er Glück. Wie an jenem Nachmittag, als er sie allein im Bus traf und der Platz neben ihr sogar noch frei war.

Zweiter Schritt: Den Ausgangstext lesen und Inhalte erfassen

Um einen Text fortsetzen zu können, musst du ihn genau kennen. Worum geht es in der Geschichte?

- ▶ Lies dir die Erzählung durch.
  - Kläre die Textstellen und Wörter, die dir unklar sind.
  - Markiere Textstellen, die dir besonders wichtig erscheinen.

Dritter Schritt: Den Ausgangstext untersuchen, auswerten und eigene Schreibideen entwerfen

Um eine Fortsetzung zu schreiben, musst du den Inhalt, die erzählerischen und sprachlichen Mittel des Ausgangstextes genau analysieren. Diese Vorarbeit ist wichtig, damit du deine Fortsetzung inhaltlich und sprachlich schlüssig weiterschreiben und anschließend dein Vorgehen auch erklären kannst.

Die Fragen in der folgenden Tabelle helfen dir, den Text zu analysieren und daraus Folgerungen für das Schreiben der Fortsetzung zu ziehen.

Den Ausgangstext analysieren und eigene Schreibideen finden

Bereich	Fragen zur Analyse	Anregungen zum Schreiben
Handlung/ Situation im Ausgangstext	• Wovon handelt die Geschichte? • Ist ein bestimmtes Thema zu erkennen? Kannst du ein zentrales Problem, einen Konflikt erkennen? • Wie ist die Handlung aufgebaut? • Findest du Rückverweise oder Vorausdeutungen?	• Wovon willst du erzählen? • Wie willst du das Thema bzw. das Problem aufgreifen? • Wo willst du bei deiner Fortsetzung ansetzen? • Wie willst du an Rückverweise oder Vorausdeutungen anknüpfen?
Zeit / Ort	• Wo spielt die Handlung? Spielt der Handlungsort eine besondere Rolle? • Wann spielt die Geschichte? Gibt es Hinweise auf den Zeitpunkt der Handlung? • Wie lange dauert die Geschichte? • Gibt es Beispiele für Zeitdehnung oder Zeitraffung?	• Wo willst du deine Handlung spielen lassen? • Inwiefern musst du den Zeitpunkt der Handlung in deiner Fortsetzung berücksichtigen? • Bietet es sich an, dass du in deiner Erzählung die Zeit dehnst oder raffst?
Figuren	• Welche Personen treten in der Geschichte auf? Erfährst du ihre Namen? • In welcher Situation befinden sich die Figuren? • Verfolgen die Personen bestimmte Interessen, Absichten, Ziele? • Welche Charaktereigenschaften besitzen die Figuren?	• Welche Personen sollen in deinem Text auftreten? • Wie soll sich die Situation der Personen entwickeln? • Was geschieht mit den Zielen, Interessen der Personen? • Welche Charaktereigenschaften willst du betonen und darstellen? Sollen die Figuren sich in ihren Einstellungen verändern?

Bereich	Fragen zur Analyse	Anregungen zum Schreiben
Figuren	• Wie stehen die Personen zueinander? • Gibt es Gespräche im Text? Wer spricht miteinander? Wie sprechen die Personen miteinander?	• Wie soll sich das Verhältnis entwickeln? • Wie und über was werden die Personen bei dir miteinander sprechen?
Erzählerische Merkmale des Textes	• Welche Textsorte liegt vor? • Wie ist die Erzählperspektive? • Welche Redeformen (z. B. erlebte Rede) gibt es? • Welche Motive sind zu erkennen?	• Auf welche Eigenheiten der Textsorte musst du bei einer Fortsetzung achten? • Wie gehst du mit der Erzählperspektive um? • Welche Redeformen willst du passend zur Geschichte benutzen? • Wie willst du die Motive aufgreifen und gegebenenfalls entwickeln?
Sprachliche Mittel	• Wie ist die Sprachform des Erzählers? • Wie ist die Sprachform der Personen in Dialogen? Reden sie z. B. in Umgangssprache? • Gibt es Auffälligkeiten bei der Verwendung der Zeitformen? Werden sie gewechselt? • Werden bestimmte Wortarten oder Wörter auffällig oft gebraucht? • Welche auffälligen Sprachbilder (Metaphern) findest du? • Mit welchen Attributen werden die Personen, Orte und wichtige Gegenstände beschrieben? • Welche Stilmittel fallen auf? • Welche Auffälligkeiten im Satzbau gibt es?	• In welcher Sprachform willst du erzählen? • Wie willst du die Personen sprechen lassen? • Welche Zeitformen willst du verwenden? • Willst du auffällige Wortarten oder Wörter verwenden? • Welche Sprachbilder (Metaphern) willst du in deiner Fortsetzung einsetzen? • Welche Attribute willst du gebrauchen oder übernehmen? • Welche Stilmittel willst du übernehmen und verwenden? • Wie willst du deinen Satzbau gestalten?

▶ Erstelle auf einem A4-Blatt oder auf einer Karteikarte eine Mindmap, aus der hervorgeht, worauf du bei der Analyse und der Fortsetzung einer Geschichte achten musst. Benutze die Mindmap als Lernkarte.

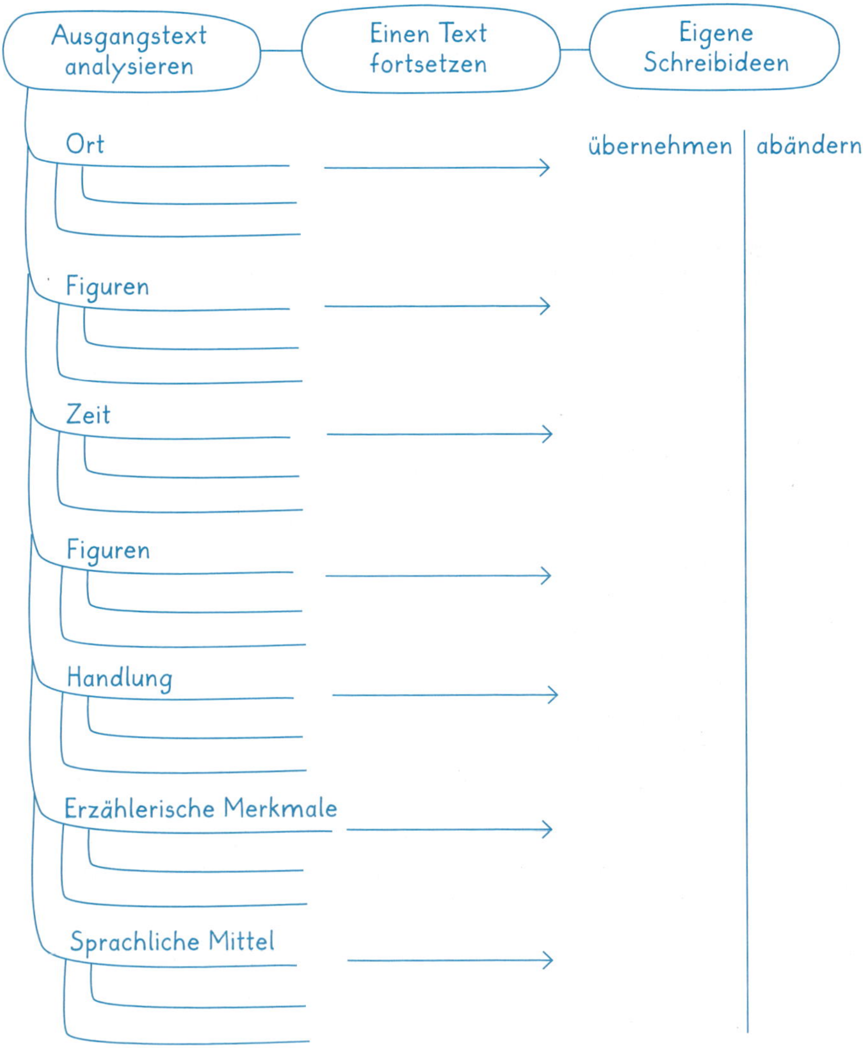

▶ Führe eine Analyse des Textes „So lonely" von Per Nilsson durch und entwickle Schreibideen. Notiere deine Ergebnisse in Stichworten, als Cluster oder Mindmap.

Vierter Schritt: Einen Schreibplan anlegen

Es kann beim Schreiben einer Geschichte hinderlich sein, genau festzulegen, was und wie man schreiben will. Wichtiger ist es, sich einen guten Anfang zu überlegen und die eigenen Schreibabsichten im Auge zu behalten. Vieles ergibt sich beim Schreiben selbst. Oft ist es hilfreich, eine Ablaufskizze für die Fortsetzung zu notieren.

Grundsätzlich hilft dir aber auch beim Schreiben einer Geschichte ein Schreibplan, deine Ideen und Gedanken zu ordnen. Er kann so aussehen, wie unten auf der Seite, er kann aber noch durch weitere Aspekte, die sich auf deine Ausarbeitungen beziehen, ergänzt werden.

Möglicher Schreibplan für die Fortsetzung

Schreibplan

Anfang
Anknüpfen an den letzten Absatz der Geschichte

Hauptteil
Fortsetzung der Handlung (mit Höhepunkt)

Schluss
- Finden eines Einschnitts: (vorläufige) Lösung des Konflikts bzw. (vorläufiger) Abschluss zum Thema
- Entscheiden für ein offenes oder geschlossenes Ende

▶ Entwirf einen Schreibplan für deine Fortsetzung von „So lonely" von Per Nilsson.

Den Fortsetzungstext erläutern

In der zweiten Aufgabe wird von dir erwartet, dass du deine Überlegungen für die Fortsetzung erläuterst: Du musst die Handlung und das Verhalten deiner Personen begründen sowie die von dir ausgewählten erzählerischen und sprachlichen Mittel erklären. Du zeigst auf diese Weise, dass dein Text sich nahtlos an den Ausgangstext anschließt.
Beantworte bei deiner Erläuterung folgende Fragen:

- Wie passt deine Handlung zum Ausgangstext?
- Welche Themen, Probleme und Situationen hast du aufgegriffen?
- Welches Ziel wolltest du mit deinem Text erreichen?
- Wie hast du die Personen dargestellt?
- Was wolltest du mit deiner Darstellung erreichen?
- Welche erzählerischen und sprachlichen Mittel hast du verwendet? Wie passen sie zum Ausgangstext?

Begründe deine Entscheidungen mit Hinweisen auf den Ausgangstext.

▶ Überlege, welche Gesichtspunkte du in der Erläuterung deiner Fortsetzung besonders hervorheben willst.

Fünfter Schritt: Eine Fortsetzung schreiben und erläutern

Nach den vielen Vorbereitungen schreibst du nun deine Fortsetzung und Erläuterung. Dazu gehört Folgendes:

- Ausformulieren der Ablaufskizze, Stichworte oder Mindmap in ganzen Sätzen zu einer Geschichte,
- durch wörtliche Rede, erzählerische, sprachliche und stilistische Mittel die Geschichte interessant und lebendig gestalten,
- durch den Satzbau und die Wortwahl die Sprachform des Ausgangstextes übernehmen,
- die Erzählperspektive des Ausgangstextes übernehmen.
- Formulieren der Erläuterungen zur Fortsetzung.

▶ Schreibe deine Fortsetzung der Geschichte „So lonley“. Erläutere anschließend deinen Text.

Sechster Schritt: Die Fortsetzung und die Erläuterung überarbeiten

Keine Geschichte ist nach dem ersten Niederschreiben perfekt und fertig. Selbst Joanne K. Rowling schrieb zehn verschiedene Fassungen von dem ersten Kapitel von „Harry Potter und der Stein der Weisen“, bis sie zufrieden war. Auch du solltest deine Fortsetzung noch mal durchlesen und gegebenenfalls überarbeiten. Dazu hilft dir folgende Checkliste:

CHECKLISTE

1. Die Fortsetzung inhaltlich überarbeiten:

- Habe ich die Aufgabenstellung genau beachtet?
- Knüpft meine Fortsetzung an den Ausgangstext an?
- Habe ich den Konflikt bzw. das Thema umfassend dargestellt?
- Habe ich ein passendes Ende für meine Geschichte gefunden?
- Habe ich mein Schreibziel erreicht?

Vergleiche deinen Aufsatz mit deinen Auswertungen und deinem Schreibplan.

2. Die Fortsetzung sprachlich überarbeiten:

- Ist mein Text verständlich?
- Habe ich passende erzählerische und stilistische Mittel verwendet?
- Habe ich die richtige Erzählperspektive gewählt?
- Habe ich die Sprachform des Ausgangstexts getroffen?
- Passt mein Satzbau, meine Sprache und Wortwahl zum Ausgangstext?
- Habe ich passende Satzverknüpfungswörter verwendet?
- Habe ich die richtige Zeitform gewählt?
- Ist meine Fortsetzung logisch aufgebaut?
- Habe ich neue Gedanken in eigenen Absätzen dargestellt?
- Habe ich Überflüssiges gestrichen?
- Bin ich beim Thema geblieben?

3. Die Reflektion überarbeiten

- Habe ich die Gesichtspunkte genannt, nach denen ich meine Fortsetzung geschrieben habe?
- Habe ich meine inhaltlichen, erzählerischen und sprachlichen Entscheidungen begründet?

4. Die Texte rechtschriftlich überprüfen:

- Sind Rechtschreibung und Zeichensetzung korrekt?
- Habe ich die wörtliche Rede richtig gekennzeichnet?
- Habe ich, wenn ich unsicher bin, die Wörter nachgeschlagen?

► Überarbeite deine Fortsetzung.

Eine Fortsetzung zu „So lonely“ von Per Nilsson

Sie lächelte ihn an. „Komm her. Nimm Platz.“

Er setzte sich neben sie. Er fühlte sich glücklich, wie Robinson, als er den Strand erreichte. Er war wieder auf der Insel.

„Was für ein Mensch bist du heute?“, fragte sie, „L, wie lustig?“

Eher L wie lonely, dachte er. „Nein, L wie Lügner, Looser, Leiche.“

„Nein, wie trist. Wie meinst du das?“

„Na ja, ich hab Englisch geschwänzt und wollte es meiner Mutter verheimlichen. Das hat aber nicht geklappt. Meine Englischlehrerin hat angerufen.“

„Wieso hast du denn geschwänzt?“

Er hätte antworten können, damit ich mit dir im Bus fahren kann. Weil ich dich sonst nur zweimal die Woche sehen kann. Und das ist viel zu wenig.

„Ich mag die Lehrerin nicht. Sie heißt Hammar und ist ein Hammer. Irgendwie zerschlägt sie alles.“

„Ist sie wirklich so schlimm?“

„Nein, eigentlich nicht. Ich bin in Englisch nur nicht so gut. Ein Looser eben.“

Das stimmte nicht. In Englisch war er einer der besten in der Klasse. Aber er konnte ihr nicht die Wahrheit sagen. Er schaute an ihrem Gesicht vorbei. Auf ihre roten Haare.

„Wie ist es bei dir in Englisch?“, fragte er. Er wusste nicht, was er sonst sagen sollte.

„In Englisch bin ich ganz gut.“

Selbst dreimal die Woche zehn Minuten zusammen im Bus zu fahren, ist zu viel wenig, dachte er. Er musste etwas tun.

„Prima. Dann kannst du mir ja helfen. Gibst du mir Nachhilfe? Das wäre nett.“

„So, NETT wäre das. Ich denke, du hasst nett?“

„Na ja, es wäre zumindest unnett, wenn du mir nicht helfen würdest. Dann würde ich sitzen bleiben, käme auf eine andere Schule und könnte nicht mehr mit dir zusammen Bus fahren.“

„Das muss verhindert werden.“ Sie lachte. Strich sich die roten Haare aus der Stirn. „Ich hoffe, du stellst dich nicht zu TRottelig an. Das wäre dann sehr TRostlos.“ Sie betonte das TR besonders deutlich.

„Wann können wir uns denn TReffen?“, fragte er.

„Wie wäre es mit Freitag“, schlug sie vor.

„Freitag ist in Ordnung“, sagte er.

Erläuterungen zur Fortsetzung

In der Geschichte „So lonely“ von Per Nilsson geht es um einen Jungen und ein Mädchen, die sich nur im Bus auf dem Weg zur Schule sehen und unterhalten können. Obwohl sie sich gut verstehen, haben sie sich außerhalb des Busses noch nicht getroffen.
Ich habe mich dafür entschieden, dass es zu einem Treffen zwischen den beiden kommen soll. Der Junge möchte das Mädchen auf jeden Fall öfter sehen und auch sie findet ihn wohl recht sympathisch. Doch wie findet der Junge den Mut, den er ja bisher noch nicht hatte, um sich mit dem Mädchen zu verabreden? Als Anlass, dass es zu einer Verabredung kommen kann, habe ich seinen Konflikt mit der Englischlehrerin gewählt: Dieser belastet ihn doppelt, weil er nun mittwochs das Mädchen nicht mehr im Bus sehen kann und weil er seine Mutter angelogen und Ärger in der Schule bekommen hat. Es ist nicht unwahrscheinlich, dass der Junge diese besondere Situation – zumindest teilweise – dem Mädchen gegenüber zur Sprache bringt. Aus dem Gespräch ergibt sich dann die Gelegenheit für eine Verabredung, „getarnt“ als Nachhilfe.
Mit dieser Verabredung ist meiner Meinung nach die Geschichte der beiden im Bus zu Ende erzählt. Da mir ein Ausschnitt aus einem Jugendbuch vorliegt, denke ich, dass die beiden noch einiges miteinander erleben werden.
Die Geschichte wird aus der Sicht des Jungen erzählt. Die personale Erzählweise habe ich auch für meine Fortsetzung übernommen. Außerdem werden einige Gedanken des Jungen als erlebte Rede wiedergegeben. Dieses erzählerische Mittel greife ich auch in der Fortsetzung auf, wenn er darüber nachdenkt, wie er es anstellen soll, dass er sich mit dem Mädchen verabreden kann. Die Gedanken von dem Mädchen erfahren wir nicht.
Besonders gut hat mir das Insel-Motiv gefallen. Der Junge spricht von einer „Sitz-Insel“ oder „Steh-Insel“ (Z. 7), auf der er sich mit dem Mädchen im Bus befindet. Deshalb habe ich ihn auch mit Robinson Crusoe verglichen, der als Schiffbrüchiger ja auf einer einsamen Insel gelandet ist. Wie Robinson und Freitag sind der Junge und das Mädchen auf ihrer „Insel“ von der Außenwelt abgeschnitten.
Des Weiteren hat mir das Sprachspiel mit den Alliterationen gut gefallen. Dieses Sprachspiel gibt ihnen Gelegenheit, spaßig über ernste Dinge zu reden, wie beispielsweise seine Probleme mit der Englischlehrerin oder den Versuch, sich zu verabreden.

- ▶ Untersuche, worauf bei dieser Fortsetzung besonders Wert gelegt wird.
- ▶ Jeder wird die Geschichte „So lonely“ anders fortsetzen. Vergleiche deine Geschichte mit dem Beispiel oben. Stelle Gemeinsamkeiten und Unterschiede fest.

Selbstbeurteilungsbogen

▶ Der folgende Selbstbeurteilungsbogen hilft dir, die Fehler in deinem Text zu erkennen. Gehe den Bogen Schritt für Schritt durch. In der rechten Spalte findest du Hinweise für die Nachbearbeitung.

Frage	Ja	Nein	Das könnte ich noch tun …
Habe ich die Aufgabenstellungen bei der Bearbeitung berücksichtigt?			• Markiere die Arbeitsaufträge und formuliere sie mit eigenen Worten.
Habe ich die Operatoren richtig verstanden?			• Schlage die Bedeutung der Operatoren nach.
Habe ich den Ausgangstext mit der Sechs-Schritt-Lesemethode erschlossen?			• Wiederhole die Technik der Sechs-Schritt-Lesemethode. • Prüfe, ob du einen wichtigen Schritt vergessen hast.
Habe ich den Inhalt des Ausgangstextes richtig zusammengefasst?			• Formuliere in einem Satz, worum es in dem Ausgangstext geht. • Notiere dir wichtige inhaltliche Aspekte des Ausgangstextes.
Habe ich meine Fortsetzung passend zum Ausgangstext geschrieben?			• Notiere dir Ideen, wie der Ausgangstext weitergehen könnte. Entwirf eine Ablaufskizze für deine Fortsetzung. • Untersuche einzelne Aspekte (Aufbau, Figuren, Sprache …) und setze sie in Bezug zu deinen Ideen. • Achte auf Rückverweise und Vorausdeutungen. Sie geben dir Hinweise, wie die Geschichte weitergehen könnte. • Achte darauf, was in dir als Leser beim Lesen des Textes vorgeht.
Habe ich die Personen und ihr Verhalten passend zum Ausgangstext dargestellt?			• Entwickle eine Mindmap zu den Personen. • Verdeutliche in einem Schaubild, wie die Personen zueinander stehen. • Achte darauf, wie die Personen sprechen und übernehme ihre Sprachform für deinen Text.

Frage	Ja	Nein	Das könnte ich noch tun …
Hat meine Fortsetzung einen Höhepunkt?			• Überlege, wie du die Handlung auf einen Höhepunkt zusteuern kannst.
Habe ich meinen Text an die erzählerischen Merkmale des Ausgangstextes angepasst?			• Schreibe deine Fortsetzung passend zur Textsorte. • Übernehme die Erzählperspektive. • Übernehme die Zeitform. • Kannst du wörtliche Rede oder innere Monologe verwenden?
Habe ich passende sprachliche Mittel in meiner Fortsetzung verwendet?			• Ermittle, welche Sprachbilder, Metaphern und Stilmittel im Ausgangstext vorkommen. • Entscheide daraufhin, welche sprachlichen Mittel du verwenden kannst und willst.
Habe ich mich präzise, genau und abwechslungsreich ausgedrückt?			• Prüfe den Text auf unnötige Wortwiederholungen. • Kannst du anschaulichere Verben und Adjektive verwenden?
Habe ich die Sätze richtig, angemessen und abwechslungsreich formuliert?			• Hast du die Sprachform des Ausgangstextes beachtet? • Ist jeder Satz vollständig? Es sei denn, du benutzt unvollständige Sätze als Stilmittel. • Sind die Sätze übersichtlich gebaut und nicht verschachtelt? • Beginnen die Sätze mit verschiedenen Satzgliedern? Führe die Umstellprobe durch.
Habe ich eine begründete Erläuterung meiner Fortsetzung vorgenommen?			• Überlege, nach welchen Gesichtspunkten (Maßstäben) du deine Fortsetzung geschrieben hast. • Unterscheide und trenne bei deiner Erläuterung inhaltliche, erzählerische und sprachliche Aspekte. • Vergiss nicht, deine Entscheidungen mithilfe des Ausgangstextes zu begründen.

2 Sich mit Sachthemen argumentativ auseinandersetzen

2.1 Eine Erörterung schreiben

Die Erörterung ist die schriftliche Form der Diskussion. Vorgegeben ist ein Problem (Thema), das eine Pro-These und eine Kontra-These enthält. Zu diesen Thesen (Behauptungen, Meinungen) sammelst du Argumente (Begründungen) und Beispiele, die die Richtigkeit oder die Fehlerhaftigkeit der Thesen beweisen:
These: *Rauchen ist ungesund.*
Argument: *Denn in einer Zigarette sind viele krebserregende Schadstoffe enthalten.*
Beispiel: *Jährlich sterben viele Menschen aufgrund der Folgen des Rauchens an Lungenkrebs.*
In einer Erörterung schreibst du zu einer vorgegebenen Problemstellung deine Gedanken nieder, die sich auf deine Erfahrungen und dein Wissen stützen.
Worauf du bei einer Erörterung achten musst, zeigt das folgende Beispiel. Der Verlauf der Arbeit unterteilt sich in sechs Schritte:

1. Sich über die Aufgabenstellung orientieren
2. Das Thema untersuchen, eine Stoffsammlung anlegen
3. Argumente und Beispiele ordnen und gewichten
4. Einen Schreibplan anlegen
5. Eine Erörterung schreiben
6. Die Erörterung überarbeiten

Erster Schritt: Sich über die Aufgabenstellung orientieren

Zunächst machst du dich mit der Aufgabenstellung vertraut. Denn von der Aufgabenstellung hängt es ab, was alles in der schriftlichen Erörterung von dir verlangt wird.

Aufgabenstellung:
Jedes Jahr erreichen ungefähr 250 000 Schülerinnen und Schüler nicht das Klassenziel. Einige Erziehungswissenschaftler und Politiker haben gefordert, dass das Sitzenbleiben abgeschafft wird, andere sind dafür, es beizubehalten.
Erörtere dieses Problem.

► In der Aufgabenstellung ist der Operator unterstrichen. Schlage ihn nach und mache dir bewusst, was von dir erwartet wird.

Zweiter Schritt: Das Thema untersuchen, eine Stoffsammlung anlegen

Häufig wird dir das Thema wie im Beispiel oben in Form einer Aussage vorgegeben. Daraus musst du die Problemfrage entwickeln, die die Pro- und die Kontrathese enthält:
Sollte man das Sitzenbleiben abschaffen oder beibehalten?
Pro-These: *Das Sitzenbleiben sollte abgeschafft werden.*
Kontra-These: *Das Sitzenbleiben sollte beibehalten werden.*

So erstellst du eine Stoffsammlung und wertest sie aus:
- Notiere dein Wissen zunächst ungeordnet, zum Beispiel als Cluster.
- Kennzeichne anschließend durch Farben, welche Notizen du als Argumente und welche du als Beispiele verwenden willst.
- Ordne Argumente und Beispiele einander zu, z. B. 1 a) = Argument, 1 b) zugehöriges Beispiel.

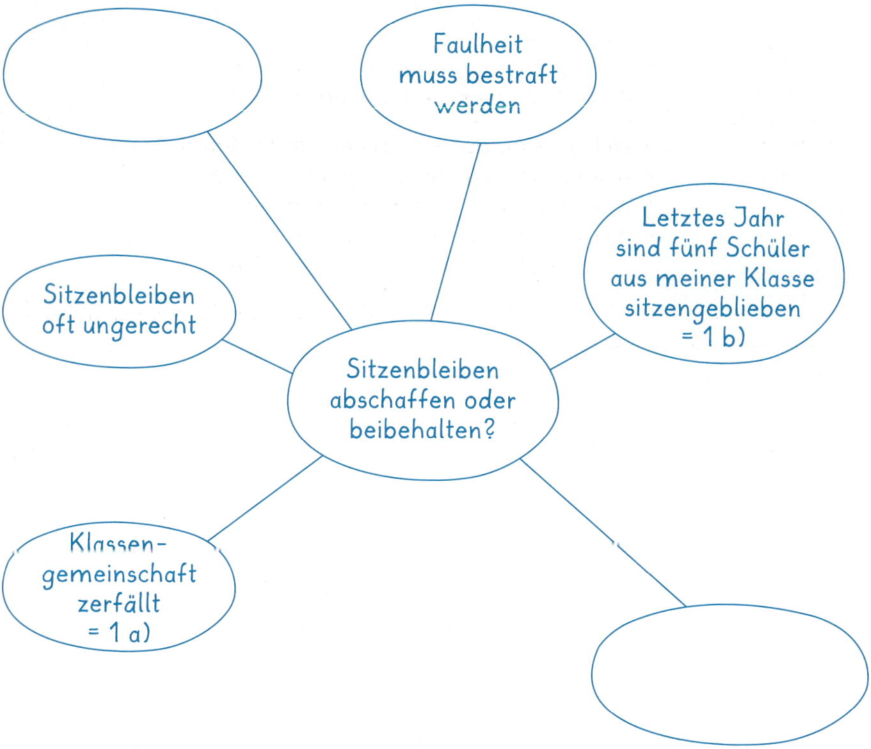

▶ Lege eine Stoffsammlung zum Thema „Sitzenbleiben abschaffen oder beibehalten?“ an.

Dritter Schritt: Argumente und Beispiele ordnen und gewichten

Von deiner Stoffsammlung ausgehend, sortierst und ergänzt du deine Gedanken:
- Welche Argumente und Beispiele sprechen für eine Pro-These und welche für eine Kontra-These?
- Welche Argumente sind die stärksten, welche sind deiner Ansicht nach schwächer?

Argumente aufbauen/Stellung nehmen

Bereich	Fragestellung
Thema/ Problemfrage	• Was ist das genaue Thema? • Wie lautet die Problemfrage? • Wie lautet die Pro-These und wie die Kontra-These? • An wen richtet sich mein Text? Gibt es einen Adressaten?
Pro-Argumente	• Welche Argumente sprechen für die Pro-These? • Womit kann ich meine Argumente stützen? • Welche Beispiele und Belege kenne ich? • Welches ist mein stärkstes Argument? • Wie will ich meine Argumente gewichten?
Kontra-Argumente	• Welche Argumente sprechen für die Kontra-These? • Womit kann ich meine Argumente stützen? • Welche Beispiele und Belege kenne ich? • Welches ist mein stärkstes Argument? • Wie will ich meine Argumente gewichten?
Stellung nehmen	• Welche Position nehme ich zu dem Problem bzw. Thema ein?

▶ Erstelle auf einem A4-Blatt oder auf einer Karteikarte eine Mindmap, aus der hervorgeht, worauf du bei einer Erörterung achten musst. Benutze die Mindmap als Lernkarte.

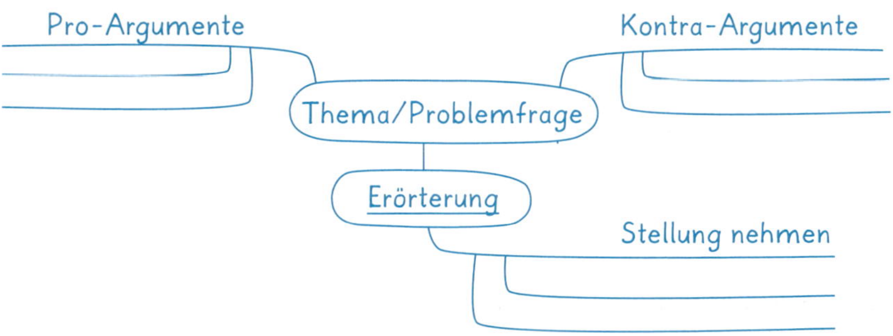

- Suche und ordne Pro- und Kontra-Argumente mit Beispielen in einer Pro- und Kontra-Tabelle, als Cluster oder Mindmap.

Vierter Schritt: Einen Schreibplan anlegen

Sprichst du dich für oder gegen das Sitzenbleiben aus oder nimmst du einen vermittelnden Standpunkt ein? Diese Entscheidung ist wichtig, denn um den Leser zu überzeugen, solltest du gegen Ende deiner Erörterung die wichtigsten Argumente für deinen Standpunkt anführen.
In der Praxis haben sich folgende Schreibpläne bewährt:

Schreibplan A

Einleitung:
Vorstellen des Themas bzw. der Problemfrage

Hauptteil:
Formulieren der Kontra-These
Stärkstes Kontra-Argument mit Beispiel(en)
Starkes Kontra-Argument mit Beispiel(en)
Schwaches Kontra-Argument mit Beispiel(en)
Überleitung
Formulieren der Pro-These
Schwaches Pro-Argument mit Beispiel(en)
Starkes Pro-Argument mit Beispiel(en)
Stärkstes Pro-Argument mit Beispiel(en)

Schluss:
Eigene Meinung zum Problem, hier: Unterstützung der Pro-These

Schreibplan B

Einleitung:
Vorstellen des Themas bzw. der Problemfrage

Hauptteil:
Kontra-Argument mit Beispiel(en) ⟷ Pro-Argument mit Beispiel(en)
Kontra-Argument mit Beispiel(en) ⟷ Pro-Argument mit Beispiel(en)
Kontra-Argument mit Beispiel(en) ⟷ Pro-Argument mit Beispiel(en)

Schluss: Eigene Meinung zum Problem

Die Unterschiede in den Schreibplänen liegen in der Anordnung der Hauptteile. Im Schreibplan A werden die Argumente in zwei Blöcke aufgeteilt. Sprichst du dich gegen Sitzenbleiben aus, so stellst du im ersten Block Argumente dar, die sich für das Sitzenbleiben aussprechen (Kontra-Argumente), der zweite enthält die Argumente, die deiner Meinung entsprechen (Pro-Argumente). Die Abfolge der Argumente ist zunächst fallend: Du beginnst mit dem stärksten Kontra-Argument und endest mit dem schwächsten. Nach einer Überleitung setzt du dann die Erörterung mit dem schwächsten Pro-Argument fort, um schließlich die Argumente bis zum Schluss immer weiter zu steigern. Diese Anordnung ist sinnvoll, wenn die Pro- und Kontra-Argumente sich nicht immer aufeinander beziehen lassen und du sehr starke Pro- bzw. Kontra-Argumente gefunden hast.
Im Schreibplan B werden die Pro- und Kontra-Argumente direkt gegenübergestellt. Dies ist dann zweckmäßig, wenn sich die Pro- und Kontra-Argumente inhaltlich aufeinander beziehen lassen. Du kannst bei dieser Art der Gliederung deine Argumente nach Gesichtspunkten ordnen. Es ist außerdem möglich, bei jedem Aspekt die Argumente abzuwägen.

Des Weiteren überlegst du, womit du in deiner Einleitung beginnen könntest. Kannst du vielleicht mit einem allgemeinen Hinweis oder einer persönlichen Erfahrung oder Beobachtung, einem Zitat oder einer Redensart oder statistischen Zahlen auf das Problem hinweisen? Beachte auch, ob du deine Argumentation an jemanden richten sollst. Außerdem solltest du in deiner Einleitung genau auf das Problem hinweisen, indem du die Problemstellung in einem Satz beschreibst oder die Problemfrage stellt.

Dein Schluss ist besonders wichtig, da du hier deutlich darlegst, wie du zu dem Problem stehst. Du entscheidest dich entweder klar für die Pro-These oder Kontrathese. Manchmal ist auch möglich, dass du zwischen den beiden Thesen vermittelst. Greife dazu noch mal dein wichtigstes Argument auf, ohne dich aber einfach zu wiederholen.

▶ Entwirf einen Schreibplan für deine Erörterung, ob man das Sitzenbleiben abschaffen soll oder nicht.

Fünfter Schritt: Eine Erörterung schreiben

Wenn du dich entschieden hast, wie du zu dem Problem stehst, wenn du deine Argumente geordnet hast und weißt, wie du anfangen willst, schreibst du deine Erörterung. Dazu gehört Folgendes:

- Ausformulieren der Stichworte oder der Mindmap in ganzen Sätzen zu einem zusammenhängenden Text,
- durch Überleitungen Verbindungen zwischen den Textteilen herstellen,
- durch entsprechende Hinweise die Argumente gewichten,
- durch Satzverknüpfungswörter die Argumente und Beispiele miteinander verbinden,
- durch sprachliche und stilistische Mittel den Text interessant und überzeugend gestalten,
- durch die Verwendung von Fachbegriffen präzise schreiben.

▶ Setze deinen Schreibplan um und schreibe eine Erörterung zum Thema „Abschaffen des Sitzenbleibens".

Sechster Schritt: Die Erörterung überarbeiten

Nachdem du deine Erörterung geschrieben hast, liest du dir deinen Aufsatz noch mal durch und korrigierst und verbesserst ihn. Dazu hilft dir folgende Checkliste:

CHECKLISTE

1. Text inhaltlich überarbeiten:

- Habe ich die Aufgabenstellung genau beachtet?
- Weist die Einleitung auf das Thema hin? Habe ich die Problemfrage gestellt?
- Habe ich die ausgewählten Pro- und Kontra-Argumente angeführt?
- Habe ich die Argumente gewichtet?
- Passt die Reihenfolge der Argumente zu meiner eigenen Meinung?
- Stützen meine Beispiele und Belege die Argumente?
- Wird meine eigene Meinung deutlich?
- Habe ich mein Schreibziel erreicht?
- Habe ich nichts vergessen?

Vergleiche deinen Aufsatz mit deinen Auswertungen und deinem Schreibplan.

2. Text sprachlich überarbeiten:

- Ist mein Text verständlich?
- Sind meine Ausführungen logisch aufgebaut?
- Habe ich jeden neuen Gedanken in einem eigenen Absatz dargestellt?

- Habe ich jedes Argument und jedes Beispiel in einem eigenen Satz untergebracht?
- Habe ich Überflüssiges gestrichen?
- Bin ich beim Thema geblieben?
- Unterstützen meine Überleitungen den inneren Zusammenhang meines Textes?
- Habe ich Satzverknüpfungswörter verwendet?
- Ist mein Satzbau grammatisch richtig?
- Sind Sprache und Wortwahl angemessen?
- Passen meine ausgewählten Stilmittel zum Thema?
- Schreibe ich durchweg sachlich?
- Ist mein Text überzeugend?
- Habe ich Fachbegriffe verwendet?
- Habe ich die richtige Zeitform gewählt?

3. Text rechtschriftlich überprüfen:
- Sind Rechtschreibung und Zeichensetzung korrekt?
- Habe ich, wenn ich unsicher bin, die Wörter nachgeschlagen?

▶ Überarbeite deine Erörterung.

Eine Erörterung zur Frage, ob das Sitzenbleiben abgeschafft werden soll oder nicht

Jedes Jahr, wenn im Sommer die Zeugnisse ausgeteilt werden, gibt es für viele Schülerinnen und Schüler eine böse Überraschung. Sie haben das Klassenziel nicht erreicht und müssen das Schuljahr wiederholen. In Deutschland sind ungefähr 250 000 Schüler vom Sitzenbleiben betroffen, fünf von ihnen waren in meiner Klasse.

Einige sagen, die Sitzenbleiber hätten es nicht besser verdient, andere meinen, 250 000 seien viel zu viele, und es müsse etwas gegen das Sitzenbleiben getan werden. Ob man aber deshalb gleich das Sitzenbleiben abschaffen sollte, wie manche fordern, will ich im Folgenden näher erörtern.

Sicherlich sprechen viele Gründe dafür, dass das Sitzenbleiben nicht abgeschafft wird. Ein ganz wichtiger Grund, der für die Beibehaltung des Sitzenbleibens spricht, ist die lange Tradition des Sitzenbleibens im deutschen Schulwesen. Denn seit es Schule gibt, bleiben Schülerinnen und Schüler sitzen. Das ist bei meinen Eltern und Großeltern schon so gewesen und bei deren Eltern und Großeltern sicher auch.

Es würde einen großen Bruch im Schulwesen bedeuten, wenn man das „Hängenbleiben" abschafft, den viele sicher nicht verstehen können. Daher glaube ich, dass die Mehrheit der Schülerinnen und Schüler und Eltern sowieso für das Sitzenbleiben ist. Auch die Politiker sind für das Sitzenbleiben, denn sonst hätten sie es abgeschafft.
Ein weiterer wichtiger Grund für die Beibehaltung ist die Tatsache, dass das Sitzenbleiben als ein erfolgreiches Druckmittel gegen uns Schüler genommen wird. Warum sollten wir denn noch lernen, wenn das Sitzenbleiben abgeschafft wird? Ich glaube, dass sehr viele an unserer Schule so denken.
Außerdem werden wir durch die Gefahr des Sitzenbleibens auf das wirkliche Leben vorbereitet. Denn fehlende Leistung wird in unserer Leistungsgesellschaft bestraft. Wer zum Beispiel nicht gut ist und sich nicht anstrengt, erhält später nicht so einen guten Job und verdient weniger Geld. Oft ist es sogar so, dass man mit einem schlechten oder mit gar keinem Schulabschluss nicht einmal eine Ausbildungsstelle findet.
Sitzenbleiben kann man auch als Chance verstehen, denn die davon betroffenen Schülerinnen und Schüler können immerhin den versäumten oder nicht verstandenen Stoff kostenlos nachholen. So gesehen schadet das Sitzenbleiben niemanden, sondern hilft den schwächeren Schülerinnen und Schülern, einen besseren Schulabschluss zu erreichen.
Auf der anderen Seite ist aber zu bedenken, dass das Sitzenbleiben keinesfalls so förderlich für die Schüler und die Schule ist, wie ich es oben dargestellt habe. Einige gewichtige Argumente sprechen durchaus dafür, dass alle Schülerinnen und Schüler versetzt werden.
Ein Vorteil wäre, dass für uns Schüler die Unterrichtsstoffe und nicht mehr nur die Noten interessant werden. Denn viele Schülerinnen und Schüler versuchen nur die Noten zu erlangen, die sie benötigen, um nicht sitzen zu bleiben. Was wir im Unterricht durchnehmen, kümmert sie aber kaum oder gar nicht. Das könnte sich ändern.
Außerdem kostet das Sitzenbleiben den Staat sehr viel Geld, wie sich leicht ausrechnen lässt. Die 250 000 Sitzenbleiber füllen mindestens 8 300 Klassen, für die zusätzlich Lehrer eingestellt werden müssen.
Des Weiteren ist es für die Klassengemeinschaft und damit für das Lernklima keinesfalls förderlich, wenn die Klasse jedes Jahr neu zusammengesetzt wird. Denn wenn Schülerinnen und Schüler die Klasse verlassen, zerbrechen oft auch Freundschaften, weil man sich nicht mehr jeden Tag in der Schule sieht. Ebenfalls schädlich für eine Klassengemeinschaft ist das „Überaltern" vieler Klassen durch die Sitzenbleiber. Es kann nämlich zu Konflikten kommen,

wenn 11- bis 14-Jährige in einer Klasse sitzen. Die Interessen liegen oft schon weit auseinander.
Nicht zu unterschätzen ist ferner die Angst, die mit der Androhung des Sitzenbleibens in die Klassenzimmer getragen wird. Ich kenne einige Schülerinnen und Schüler, die trotz aller Mühe das Klassenziel nicht geschafft haben und die dann sogar zum kompletten Schulversager wurden.
Am meisten gegen das Sitzenbleiben spricht jedoch die Tatsache, dass für viele Schülerinnen und Schüler das Sitzenbleiben ungerecht ist, weil man gleich alle dreizehn Fächer wiederholen muss, auch wenn man nur ein oder zwei Problemfächer hat. Wer also in Englisch und Geschichte eine Fünf hat, ansonsten aber ein normaler Dreier- und Vierer-Schüler ist, muss den ganzen Stoff noch mal machen.
Meiner Ansicht nach sollte das Sitzenbleiben abgeschafft werden oder nur noch freiwillig erfolgen. Ich glaube, dass so das Lernklima in den Klassen verbessert werden kann und mehr Gerechtigkeit in die Schulen gebracht wird. Jeder ist dann für sein Lernen selbst verantwortlich. Sinnvoller als eine Schülerin oder einen Schüler alle Fächer wiederholen zu lassen, ist es meiner Meinung nach, dass man genauer auf die Stärken und vor allem Schwächen von uns Schülern eingeht, indem man uns individuell fördert. Das Geld für die Förderung kann man durch die Einsparungen nehmen, die durch das Abschaffen des Sitzenbleibens entstehen.

- ▶ Welcher Schreibplan wurde für die Erörterung ausgewählt? Untersuche, wie die Erörterung aufgebaut ist.

- ▶ Wie man eine mögliche Abschaffung des Sitzenbleibens beurteilt, muss natürlich jeder selbst entscheiden. Entsprechend unterschiedlich fallen die Erörterungen aus. Dennoch ist es sinnvoll, verschiedene Erörterungen zu lesen. Vergleiche deine schriftliche Argumentation mit dem obigen Text. Stelle Gemeinsamkeiten und Unterschiede fest.

Selbstbeurteilungsbogen

▶ Der folgende Selbstbeurteilungsbogen hilft dir, Gelungenes und Fehler in deiner Erörterung zu erkennen. Gehe den Bogen Schritt für Schritt durch. In der rechten Spalte findest du Hinweise für die Nachbearbeitung.

Frage	Ja	Nein	Das könnte ich noch tun …
Habe ich die Aufgabenstellung berücksichtigt?			• Markiere den Arbeitsauftrag und formuliere ihn mit eigenen Worten.
Habe ich die Operatoren richtig verstanden?			• Schlage die Bedeutung der Operatoren nach.
Habe ich das Thema und das Problem umfassend erfasst?			• Formuliere die Problemfrage. • Notiere die Pro- und die Kontra-These. • Erstelle eine Stoffsammlung zum Thema als Cluster.
Habe ich eine interessante Einleitung geschrieben?			• Beginne deine Einleitung mit einem Zitat, einer Redensart, einem persönlichen Erlebnis, einer Beobachtung, einem Hinweis auf eine allgemeine Erfahrung oder Tatsache, einem aktuellen Hinweis aus den Medien, einem Hinweis auf wissenschaftliche Erkenntnisse oder Statistiken. • Weise in deiner Einleitung genau auf das Problem hin.
Habe ich wichtige Pro-Argumente gefunden?			• Stelle mit jedem Argument auch einen Bezug zum Thema her. • Beachte, dass ein Pro-Argument die Problemstellung bejaht.
Habe ich wichtige Kontra-Argumente gefunden?			• Stelle mit jedem Argument auch einen Bezug zum Thema her. • Beachte, dass ein Kontra-Argument die Problemstellung verneint.
Habe ich die Argumente mit nachvollziehbaren Beispielen gestützt?			• Beziehe dich auf deine Erfahrungen. • Beziehe dich auf das Material und die Texte, die dir eventuell zur Verfügung gestellt wurden. • Beziehe dich auf Material aus dem Unterricht zu diesem Thema. • Wenn möglich, verschaffe dir weitere Informationen.

Frage	Ja	Nein	Das könnte ich noch tun ...
Habe ich die Argumente nachvollziehbar gewichtet?			• Bringe deine Argumente in eine passende Reihenfolge. • Überlege, welche Argumente sich aufeinander beziehen.
Habe ich meine Erörterung strukturiert?			• Unterteile deine Erörterung in Abschnitte. • Verbinde deine Abschnitte mit Überleitungen. • Gliedere deine Erörterung nach Argumenten.
Habe ich Argumente und Beispiele aufeinander bezogen?			• Nutze Satzverknüpfungswörter und mache so deutlich, wie sich die Argumente und Beispiele aufeinander beziehen.
Habe ich mich präzise, genau und abwechslungsreich ausgedrückt?			• Prüfe den Text auf unnötige Wortwiederholungen. • Kannst du wiederholt auftretende Wörter durch ähnliche ersetzen? • Welche Stilmittel kannst du einsetzen?
Habe ich die Sätze richtig, angemessen und abwechslungsreich formuliert?			• Ist jeder Satz vollständig? • Sind die Sätze übersichtlich gebaut und nicht verschachtelt? • Beginnen die Sätze mit verschiedenen Satzgliedern? Führe die Umstellprobe durch.
Habe ich verständlich und überzeugend geschrieben?			• Lies deine Erörterung aus der Perspektive eines Mitschülers. • Versetzte dich in die Lage eines Gegners deiner Ansicht. Wirkt dein Text auf ihn überzeugend?
Habe ich einen überzeugenden Schluss geschrieben?			• Stelle in deinem Fazit deutlich dar, wie du zu dem Problem stehst. Du entscheidest dich entweder klar für die Pro-These oder die Kontra-These oder vermittelst zwischen den beiden Thesen. • Bekräftige noch mal dein wichtigstes Argument.

2.2 Einen Sachtext analysieren und Stellung nehmen: die textbasierte (textgebundene) Erörterung

Grundlage für diese Form der Erörterung ist ein Text zu einem Sachthema, den du analysieren und zu dem du erörternd Stellung nehmen sollst. Dazu gehört, dass du die Inhalte des Textes erfasst und ermittelst, welche Meinung der Verfasser zu dem Thema vertritt und mit welchen Mitteln der Autor versucht, die Leser von seiner Meinung zu überzeugen. Du untersuchst, welche Argumente in dem Text vertreten werden, und nimmst auch selbst Stellung zu dem Thema.
Worauf du bei der textbasierten (textgebundenen) Erörterung achten musst, wird dir im Folgenden an einem Beispiel mit Aufgabenstellung erläutert. Der Verlauf der Arbeit umfasst sechs Schritte:

1. Sich über die Aufgabenstellung und den Text orientieren
2. Den Text lesen und seine Inhalte erfassen
3. Den Text untersuchen und auswerten, Stellungnahme vorbereiten
4. Einen Schreibplan anlegen
5. Eine Analyse und die Stellungnahme zum Text schreiben
6. Die Analyse überarbeiten

Erster Schritt: Sich über die Aufgabenstellung und den Text orientieren

Zunächst solltest du dich mit der Aufgabenstellung vertraut machen. Denn von der Aufgabenstellung hängt es ab, welche Gesichtspunkte des Textes du analysieren und beurteilen sollst.

Aufgabenstellung:

1. Analysiere den Text „Lieber online als anschnur".
   a) Gib die wesentlichen Aussagen des Textes in eigenen Worten wieder.
   b) Erläutere die Argumentationsweise des Autors.
   c) Untersuche die sprachlichen Mittel, die der Autor verwendet.
2. Nimm zu der Meinung des Autors Stellung.

▶ In dieser Aufgabenstellung sind die Operatoren (Arbeitsanweisungen) unterstrichen. Schlage sie nach, um die Aufgaben richtig lösen zu können.

Verschaffe dir einen ersten Überblick über den Text: Worum geht es?

▶ Lies die Überschrift und überfliege den Text.

Lieber online als anschnur

Detlef Gürtler

Sprachen sind lebendig, solange sie gesprochen werden. Deutsch wird von einigen Hundert Millionen Menschen gesprochen, seine Lebendigkeit sollte außer Zweifel stehen. Umso erstaunlicher ist es, dass vier ehrwürdige ältere Herren eine „Aktion Lebendiges Deutsch“ pflegen, mit der sie etwas wiederbeleben wollen, was all die anderen Millionen ohnehin am Leben halten: die deutsche Sprache eben.

Doch gemeint ist nicht die deutsche, sondern die deutschdeutsche Sprache. Denn Walter Krämer, Josef Kraus, Wolf Schneider und Cornelius Sommer suchen jeden Monat für zwei englischdeutsche Wörter eine deutschdeutsche Entsprechung – um „für jenes unbefangene Vertrauen in die eigene Muttersprache zu werben, wie es Engländern und Franzosen, Polen, Spaniern und Italienern selbstverständlich ist“. So verdanken wir ihnen unter anderem die Neubewortung von Fast Food (Schnellkost), Airbag (Prallkissen), No-go-Area (Meidezone) und Brainstorming (Denkrunde). Heute ist Einsendeschluss für Vorschläge zu online und offline.

Gerade Letzteres macht deutlich, warum bei der Aktion ein fader Nachgeschmack bleibt. Denn im deutschsprachigen Teil des Internets kursieren seit längerem Eindeutschungen der beiden Wörter. Sie heißen „anschnur“ und „abschnur“ und kommen von einem Nutzerschwarm namens „die Redlichen“, die gegen das Englische im Deutschen anschreiben. Da werden Internet-Surfer zu „Zwischennetz-Stehseglern“, und „Hipf-Hüpfer“ hören ihre Musik eben „anschnur“ oder „abschnur“ – und dann auf dem „Spaziermann“ oder dem „Kompaktscheibenspieler“.

Dass uns solche Ent-Fremdungen so merkwürdig klingen, liegt nicht daran, dass wir Sklaven der englischen Herrensprache geworden wären, sondern daran, dass das Deutsche noch nie reines Deutschdeutsch war. So, wie Deutschland ein Ein- und Durchwanderungsland war und ist, so sind der Clown, der Flop, das Steak und die Party im Deutschen heimisch geworden. So, wie es einst die Ruhrpolen, dann die Türken waren und jetzt wieder die Polen sind, die zu uns einwandern, so waren früher Einwortungen aus dem Französischen en vogue, während heute die aus dem Englischen in sind. Morgen vielleicht die aus dem Chinesischen. Wie die menschlichen Einwanderer haben sich auch viele dieser Wörter ein bisschen an ihre neue Heimat angepasst: die englischen Cakes etwa, die Bahlsen Ende des 19. Jahrhunderts brachial und dankenswerterweise in Keks umbenannte, oder der französische Cheque, der zum Scheck wurde. Und banca rotta, die von den Gläubigern zertrümmerte Holzbank des

italienischen Geldwechslers, hat sich zum Bankrott gemausert.
Ob mit oder ohne ältere Herren fanden und finden solche Einbürgerungen statt. Es gibt sie hin und wieder in der Großpackung – so 1874, als die Deutsche Reichspost gleich 760 Fremdwörter auf einmal eindeutschte (und dabei unter anderem das Einschreiben und die Postkarte erfand). Meist aber finden sie im allgegenwärtigen Wirrwarr der Milliarden von Wörtern statt, die täglich auf Deutsch gesprochen oder geschrieben werden. Da schleift sich eine Kurzmitteilung zur SMS ab, ihr Verschicken zum Simsen; möglicherweise wird bald die SMS selbst Sims heißen, was zwar ein Buchstabe mehr, aber einfacher ist als die bislang benutzte Abkürzung. Dass der USB-Stick hin und wieder Speicherstäbchen genannt wird, macht ihn zu einem Einbürgerungskandidaten der nahen Zukunft.
Ob die „Aktion Lebendiges Deutsch" zu solchen Einbürgerungen führen wird, ist noch nicht heraus. Startseite statt Homepage: möglicherweise. Aber Startuhr statt Countdown: sicher nicht. Das Schöne an allen danebengegangenen Vorschlägen ist, dass sie lautlos wieder verschwinden, ohne den geringsten Schaden zu verursachen. Denn nur eine Neubewortung, die von einer relevanten Zahl von Menschen dem englischdeutschen Wort vorgezogen wird, geht tatsächlich in den Wortschatz ein. Den windchill factor etwa, der krampfhaft durch den „Windkältefaktor" oder Ähnliches ersetzt werden sollte, verdrängte schließlich die gefühlte Temperatur aus den Wetterberichten.
Wären die Herren Krämer, Kraus, Schneider und Sommer Mitglieder eines deutschen Pendants zur Académie française*, die hoheitlich über die Muttersprache wacht, sie könnten beim Versuch, die Sprache zu schützen, eine Großmuttersprache aus ihr machen. Aber die deutsche Sprache wird demokratisch regiert. Und deshalb ist jedes neue Wort, das seinen Weg in den Wortschatz findet, automatisch eine Bereicherung für die deutsche Sprache.
Aus: Die Welt, vom 11. 9. 2006

*Académie française: staatliche Einrichtung in Frankreich, die die Entwicklung der französischen Sprache beobachtet

Zweiter Schritt: Den Text lesen und seine Inhalte erfassen

Mache dir bewusst, worum es in dem Text geht, was genau thematisiert wird. Achte auch darauf, welche Absichten der Autor mit seinem Text verfolgt.

▶ Lies dir den Text genau durch.
- Kläre die Textstellen und Wörter, die dir unklar sind.
- Markiere Textstellen, die dir besonders wichtig erscheinen.

Dritter Schritt: Den Text untersuchen und auswerten, Stellungnahme vorbereiten

In der ersten Aufgabe wird von dir verlangt, dass du den Sachtext analysierst. Dabei kommt es darauf an, dass du die Inhalte des Textes zusammenfassend wiedergibst und die sprachlichen Mittel und deren Wirkung ermittelst.
Die folgende Übersicht enthält die wichtigsten Fragen, die du bei der Analyse des Textes berücksichtigen musst. Allerdings hängt es vom Text und von der Aufgabenstellung ab, ob es sinnvoll und notwendig ist, alle Fragen zu beantworten.

Einen Sachtext analysieren

Bereich	Fragestellung
Thema/Inhalt des Textes	• Was ist das genaue Thema? • Welche Gesichtspunkte werden in dem Text vorgestellt? • Welche Textsorte liegt vor? Gibt es Hinweise für diese Textsorte? • Welchen Bezug hat der Titel zum Text?
Argumentation des Textes	• Welche Argumente werden in dem Text genannt? • Mit welchen Beispielen und Belegen werden die Argumente gestützt? • Wie werden die Argumente gewichtet? Welches ist das stärkste Argument? • Werden Gegenargumente genannt? Werden sie entkräftet? • Wie ist die Argumentation aufgebaut?
Sprachliche Mittel	• Welche Sprachbilder (Metaphern) findest du, die für die Wirkung der Argumente von Bedeutung sind? • Welche Stilmittel fallen auf? Welche Wirkung haben sie? • Werden bestimmte Wortarten oder Wörter in auffälliger Weise verwendet? • Welche Auffälligkeiten im Satzbau gibt es? Was bewirken sie?
Absicht des Autors	• Welche Meinung nimmt der Autor zu dem Thema ein? • Wie geht der Autor mit Gegenmeinungen um? • Was will der Autor mit seinem Text erreichen? Welches Ziel verfolgt er?

▶ Erstelle auf einem A4-Blatt oder auf einer Karteikarte eine Mindmap, aus der hervorgeht, worauf du bei einer Analyse eines Sachtextes achten musst. Benutze die Mindmap als Lernkarte.

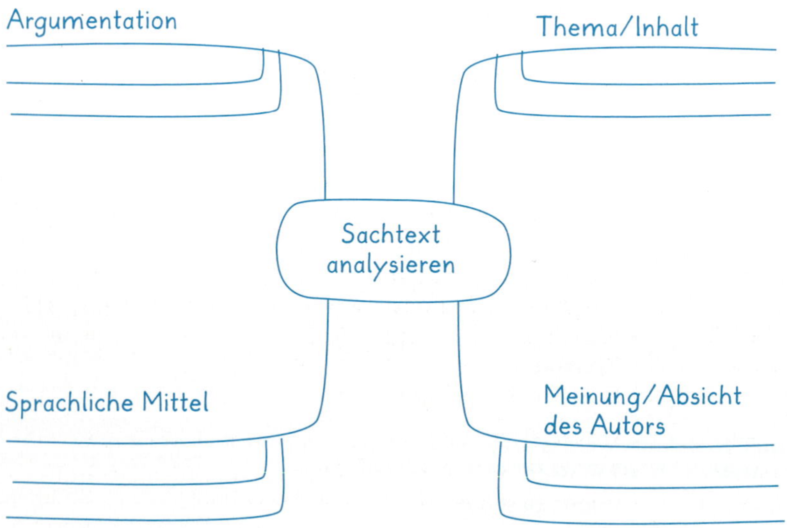

Zu einem Sachtext Stellung nehmen

Es wird in der zweiten Aufgabe von dir verlangt, dass du dich mit den Aussagen des Sachtextes auseinandersetzt und dazu Stellung nimmst. Dies kann die Beantwortung der folgenden Fragen bedeuten. Allerdings musst du auf den genauen Wortlaut der Aufgabenstellung achten.

Bereich	Fragestellung
Beurteilung	• Wie beurteile ich das Thema bzw. das Problem des Textes? • Welche Bedeutung besitzt das Thema heute? • Wie wirkt der Text auf den heutigen Leser, wie wirkt er auf mich? • Welche Meinung vertritt der Autor und wie stehe ich dazu? • Wie beurteile ich die Art und Weise der Argumentation? • Welche sprachlichen und stilistischen Mittel machen den Text überzeugend?

▶ Führe eine Analyse des Textes „Lieber online als anschnur" durch. Notiere deine Ergebnisse in Stichworten, als Cluster oder Mindmap.

Vierter Schritt: Einen Schreibplan anlegen

Durch einen Schreibplan kannst du deine bisherigen Ergebnisse ordnen, sinnvoll aufeinander aufbauen und Schwerpunkte setzen. Jeder neue Gesichtspunkt sollte in einem eigenen Absatz dargestellt werden. Berücksichtige in der Gliederung die Schwerpunkte der Aufgabenstellung.

Möglicher Schreibplan für eine Sachtextanalyse

Schreibplan

Einleitung:
Vorstellung des Textes mit Titel, Autor, Textart, Thema, Erscheinungsort

Hauptteil:
- Inhaltliche Darstellung des Sachtextes
- Analyse der Argumentation und Beispiele
- Analyse der sprachlichen Mittel und deren Wirkung

Schluss
- Eigene Stellungnahme zur Meinung des Autors

▶ Entwirf einen Schreibplan für deine Analyse des Textes „Lieber online als anschnur".

Fünfter Schritt: Eine Analyse und die Stellungnahme zum Text schreiben

Nachdem du nun den Sachtext untersuchst und einen Schreibplan entworfen hast, schreibst du deine Analyse. Dazu gehört Folgendes:

- Ausformulieren der Stichworte oder der Mindmap in ganzen Sätzen zu einem zusammenhängenden Text,
- Formulieren von Überleitungen zwischen den Textteilen,
- durch Satzverknüpfungswörter Sätze verbinden,
- durch sprachliche und stilistische Mittel den Text interessant und überzeugend gestalten,
- durch die Verwendung von Fachbegriffen präzise schreiben,
- durch Zitate wichtige Aussagen über den Text belegen.

▶ Setze deinen Schreibplan um und schreibe eine Analyse des Textes „Lieber online als anschnur".

Sechster Schritt: Die Analyse überarbeiten

Nachdem du deinen Text geschrieben hast, liest du dir deinen Aufsatz noch mal durch, korrigierst und verbesserst ihn. Dazu hilft dir folgende Checkliste:

CHECKLISTE

1. Text inhaltlich überprüfen:

- Habe ich die Aufgabenstellung genau beachtet?
- Enthält die Einleitung die notwendigen Informationen (Titel, Autor, Textsorte, Thema, Erscheinungsort)?
- Wird das Thema des Ausgangstextes erläutert?
- Werden die wichtigsten Argumente wiedergegeben?
- Habe ich die sprachlichen und stilistischen Mittel analysiert?
- Wird meine eigene Beurteilung des Ausgangstextes deutlich?
- Habe ich mein Schreibziel erreicht?
- Habe ich nichts vergessen?

Vergleiche deinen Aufsatz mit deinen Auswertungen und deinem Schreibplan.

2. Text sprachlich überarbeiten:

- Ist mein Text verständlich?
- Sind meine Ausführungen logisch aufgebaut?
- Habe ich jeden neuen Gedanken in einem eigenen Absatz dargestellt?
- Habe ich Überflüssiges gestrichen? Bin ich beim Thema geblieben?
- Unterstützen meine Überleitungen den inneren Zusammenhang meines Textes?
- Stimmen die Zitate und habe ich die Zitate in Anführungsstriche gesetzt und mit Zeilenangaben versehen?
- Habe ich Satzverknüpfungswörter verwendet?
- Ist mein Satzbau grammatisch richtig?
- Sind Sprache und Wortwahl angemessen?
- Passen meine ausgewählten sprachlichen und stilistischen Mittel zum Thema? Schreibe ich durchweg sachlich?
- Ist meine Beurteilung begründet?

3. Text rechtschriftlich überprüfen:

- Sind Rechtschreibung und Zeichensetzung korrekt?
- Habe ich, wenn ich unsicher bin, die Wörter nachgeschlagen?

▶ Überarbeite deinen Text.

Eine Analyse zu „Lieber online als anschnur" von Detlef Gürtler

Bei dem Text „Lieber online als anschnur", der am 11. September 2006 in der Zeitung „Die Welt" erschien, handelt es sich um einen Kommentar. Der Verfasser des Kommentars, Detlef Gürtler, beschäftigt sich mit der Frage, ob im Deutschen zu viele Wörter aus anderen Sprachen aufgenommen werden.
Der Anlass für seinen Kommentar ist die „Aktion lebendiges Deutsch", welche Wörter aus anderen Sprachen durch deutsche Wörter ersetzen will, zum Beispiel das „Prallkissen" für „Airbag" (Z. 13). Die Aktion sucht deutsche Wörter für „online" und „offline".
Gürtler lehnt in seinem Kommentar die „Aktion lebendiges Deutsch" ab. Seiner Ansicht nach benötigen wir diese Aktion nicht, da Deutsch eine lebendige Sprache sei. Gerade durch die Aufnahme von Wörtern aus anderen Sprachen würde das Deutsche seine Lebendigkeit beweisen. Er vergleicht die deutsche Sprache mit dem Deutschland als Einwanderungsland und behauptet, dass ausländische Menschen wie ausländische Wörter bei uns „heimisch" (Z. 28) geworden sind. Mit dem Verweis auf die Geschichte erklärt er, dass es schon immer „Einbürgerungen" von Wörtern in die deutsche Sprache gegeben habe.
Nach der Ansicht Gürtlers geht es der „Aktion lebendiges Deutsch" auch gar nicht darum, eine lebendige deutsche Sprache zu erhalten, sondern eine „deutschdeutsche" Sprache zu schaffen (Z. 7). Dieses Vorhaben zieht Gürtler durch die ausgewählten Beispiele ins Lächerliche. Sicher wird kein Mensch statt Discman das umständliche „Kompaktscheibenspieler" (Z. 23) benutzen. Folgerichtig bezeichnet Gürtler die deutschdeutsche Sprache als „Großmuttersprache" (Z. 60 f.), die nicht zeitgemäß sei und auf die er verzichten möchte.
Statt dass jemand wie die „Aktion lebendiges Deutsch" unsere Sprache regelt, setzt Gürtler auf die Sprecher selbst. Seiner Meinung nach entscheiden wir durch unseren Sprachgebrauch „demokratisch" (Z. 61), welche Änderungen und Erweiterungen in der deutschen Sprache wir übernehmen wollen. Dass dabei nicht immer das ausländische Wort gewählt wird, verdeutlicht Gürtler am Beispiel der „gefühlten Temperatur" (Z. 57), das sich gegen den „windchill factor" (Z. 55) durchgesetzt hat.
In seinem Kommentar unterstützt Gürtler seine Ansichten durch zahlreiche sprachliche Mittel. Besonders sind mir die Sprachneuschöpfungen aufgefallen, die er zitiert oder erfindet. So macht er die „Aktion lebendiges Deutsch" durch die Auswahl der deutschdeutschen Wortbeispiele lächerlich: „Zwischennetz-Stehseglern", „Hipf-Hüpfer" „anschnur" und „abschnur" (Z. 21 f.). Dabei sind diese Beispiele gar nicht von der Aktion vorgeschlagen worden, sondern von den „Redlichen", einer anderen Gruppe, die gegen das Englische im Deutschen vorgeht. Gürtler erfindet selbst besonders deutsche Wörter wie „deutschdeutsch" (Z. 7),

„Neubewortung" (Z. 13), „Einwortungen" (Z. 30) und „Großmuttersprache" (Z. 60 f.). Er erreicht dadurch, dass die deutschdeutsche Sprache komisch und seltsam wirkt.
Dazu passt, dass Gürtlers Text oft witzig ist und zum Schmunzeln anregt. Dabei beschreibt er beispielsweise sehr bildhaft, wie eine Kurzmitteilung zur SMS abgeschliffen wird (Z. 43 f.). Gerne nutzt er auch Hyperbeln, um seine Ansicht von der Unsinnigkeit der Sprachreglung auszudrücken. So bezeichnet er die Deutschen ironisch als die „Sklaven der englischen Herrensprache" (Z. 25) oder er spricht von einem „Wirrwar der Milliarden von Wörtern" (Z. 42) im Deutschen, um die Unmöglichkeit einer Sprachregelung von oben auszudrücken.
Grundsätzlich stimme ich Gürtler zu, dass wir keine „Aktion lebendiges Deutsch" benötigen, da unsere Sprache lebendig ist. Für mich ist es eine schöne Vorstellung, selbst an der Entwicklung der deutschen Sprache beteiligt zu sein. Ich benutze ganz selbstverständlich Begriffe wie „online" und könnte es mir nicht vorstellen, stattdessen „anschnur" zu sagen. Aber manchmal ärgere ich mich schon über englische Begriffe, die von der Werbung erfunden werden, nur um ein Produkt interessant zu machen. Nun weiß ich, dass es an mir liegt, ob diese Wörter sich in der Sprache durchsetzen oder nicht.
Nicht so passend finde ich aber Gürtlers Vergleich der Einwanderungen der Wörter mit den Einwanderungen der Ausländer, Gürtler nennt hier vor allem Polen und Türken. Denn die bei uns eingewanderten Ausländer hinterlassen in unserer Sprache kaum Spuren, ich wüsste auf Anhieb kein polnisches Wort, das ich im Alltag verwende. Des Weiteren werden die ausländischen Wörter nicht durch Einwanderer in unsere Sprache gebracht, sondern durch die Medien. Zwar passen sich sicherlich viele Ausländer an die Verhältnisse in Deutschland an, doch nicht die ausländischen Wörter passen sich an die deutsche Sprache an, sondern sie werden angepasst. Das ist meiner Meinung nach ein großer Unterschied.

- ▶ Untersuche, wie die einzelnen Abschnitte des Schreibplans in dem Aufsatz umgesetzt wurden.
- ▶ Wie man den Kommentar „Lieber online als anschnur" analysiert und beurteilt, hängt natürlich vom jeweiligen Schreiber des Aufsatzes ab. Vergleiche deinen Aufsatz mit dem obigen Text. Stelle Gemeinsamkeiten und Unterschiede fest.

Selbstbeurteilungsbogen

▶ Der folgende Selbstbeurteilungsbogen hilft dir, Gelungenes und Fehler in deiner Sachtextanalyse zu erkennen. Gehe den Bogen Schritt für Schritt durch. In der rechten Spalte findest du Hinweise für die Nachbereitung.

Frage	Ja	Nein	Das könnte ich noch tun …
Habe ich die Aufgabenstellung berücksichtigt?			• Markiere die Arbeitsaufträge und formuliere sie mit eigenen Worten.
Habe ich die Operatoren richtig verstanden?			• Schlage die Bedeutung der Operatoren nach.
Habe ich den Text mit der Sechs-Schritt-Lesemethode erschlossen?			• Wiederhole die Sechs-Schritt-Lesemethode. • Prüfe, ob du einen wichtigen Schritt vergessen hast.
Habe ich eine passende Einleitung geschrieben?			• Nenne in deiner Einleitung Autor, Titel, Textsorte und Erscheinungsort. • Weise in deiner Einleitung genau auf das Thema hin.
Habe ich den Inhalt des Textes richtig zusammengefasst?			• Formuliere in einem Satz, worum es in dem Text geht. • Schreibe deine Zusammenfassung im Präsens. • Schreibe direkte Rede in indirekte Rede um. Verwende dabei den Konjunktiv oder dass-Sätze. • Schreibe nur, was wichtig ist und streiche Überflüssiges weg. • Wiederhole die Arbeitstechnik Inhalte zusammenfassen.
Habe ich den Argumentationsgang des Ausgangstextes erarbeitet?			• Notiere die Argumente des Ausgangstextes. • Überlege, welche Argumente sich aufeinander beziehen. Welches Argument ist am stärksten? • Unterscheide Beispiele und Argumente.
Habe ich meinen Aufsatz strukturiert?			• Gliedere deinen Text nach Argumenten. • Gliedere deinen Text in Absätze.

Frage	Ja	Nein	Das könnte ich noch tun …
Habe ich beschreibende und deutende Textteile aufeinander bezogen?			• Dein Text sollte verständlich sein, auch wenn man den Ausgangstext nicht vorliegen hat. Stelle daher immer zunächst dar, was du deutest. • Wenn du etwas beschreibst, dann vergiss nicht, das Beschriebene zu deuten. • Nutze Satzverknüpfungswörter und mache so deutlich, wie sich deine Textteile und Sätze aufeinander beziehen.
Habe ich mich präzise, genau und abwechslungsreich ausgedrückt?			• Prüfe den Text auf unnötige Wortwiederholungen. • Kannst du wiederholt auftretende Wörter durch ähnliche ersetzen? Formuliere genau und verbessere deine Texte durch Umstell- und Ersatzprobe. • Welche Stilmittel kannst du einsetzen?
Habe ich die Sätze richtig, angemessen und abwechslungsreich formuliert?			• Ist jeder Satz vollständig? • Sind die Sätze übersichtlich gebaut und nicht verschachtelt? • Beginnen die Sätze mit verschiedenen Satzgliedern? Führe die Umstellprobe durch.
Habe ich verständlich geschrieben?			• Lies deinen Text aus der Perspektive deiner Mitschüler oder eines möglichen Adressaten.
Habe ich eine begründete Beurteilung des Textes vorgenommen?			• Überlege, welche Kriterien (Maßstäbe) du bei deiner Beurteilung anwendest. • Vergiss nicht, dein Urteil zu begründen. • Versetzte dich in die Lage eines Gegners deiner Ansicht. Wirkt dein Text auf ihn überzeugend?
Habe ich richtig zitiert?			• Setze deine Zitate in Anführungszeichen. • Kennzeichne ausgelassene Stellen (…). • Gib nach dem Zitat die entsprechende Zeile in Klammern an *(Z. 35)*.

2.3 Sachtexte vergleichen und Stellung nehmen

Grundlage für diese Aufsatzart sind mehrere Texte zu einem Sachthema, davon ist ein Text in der Regel ein Schaubild (Grafik, statistische Tabelle). Deine Aufgabe besteht darin, die Materialen zu analysieren, sie zu vergleichen und abschließend zu einer Frage Stellung zu nehmen.
Worauf du bei der Bearbeitung achten musst, wird dir im Folgenden an einem Beispiel mit Aufgabenstellung erläutert. Dabei wird der Verlauf der Arbeit in sechs Schritte eingeteilt:

1. Sich über die Aufgabenstellung und die Texte orientieren
2. Die Materialien lesen und deren Inhalte erfassen
3. Die Materialien untersuchen und auswerten, Stellungnahme vorbereiten
4. Einen Schreibplan anlegen
5. Die Ergebnisse des Vergleichs und die Stellungnahme aufschreiben
6. Den eigenen Text überarbeiten

Erster Schritt: Sich über die Aufgabenstellung und die Texte orientieren

Zunächst solltest du dich mit der Aufgabenstellung vertraut machen. Denn von der Aufgabenstellung hängt es ab, welche Gesichtspunkte des Materials du analysieren und beurteilen sollst.

Aufgabenstellung:

1. Analysiere die Texte und das Schaubild.
   a) Stelle die wesentlichen Aussagen der Materialien dar.
   b) Vergleiche die Materialien.
2. „Die Angst sitzt uns in den Knochen." Setze dich mit dieser Aussage eines Jugendlichen vor dem Hintergrund der Materialien und deiner Erfahrungen auseinander.

▶ In der Aufgabenstellung sind die Operatoren (Anweisungen) unterstrichen. Schlage sie nach, um die Aufgaben richtig lösen zu können.

Bevor du dich in die Texte vertiefst, verschaffe dir einen Überblick, worum es in den Materialien geht.

▶ Lies die Überschriften und überfliege die Texte.

Material 1: „Die Angst sitzt uns in den Knochen"

Wenn es nach den Zahlen der jüngsten Shell-Jugendstudie* geht, wächst in Deutschland eine Bilderbuch-Generation heran: Sie ist leistungsbereit und zielorientiert, legt Wert auf eine gute Bildung, wünscht sich eine Familie und schätzt soziales Engagement. Die Jugendlichen sind weniger politikverdrossen als vor vier Jahren und erteilen extremistischen Parteien eine Absage. Doch zugleich ist die Jugend zutiefst verunsichert. Sie hat Angst vor Arbeitslosigkeit, Wirtschaftskrisen und Armut. Und es mag auch die Sorge mitschwingen, gar nicht gebraucht zu werden, sagte der Sozialforscher und Studienkoordinator Klaus Hurrelmann.

Aus: www.spiegel.de, 26.09.06

** Diese 2006 erschienene Untersuchung über Einstellungen und Erwartungen von Jugendlichen wurde von dem Energieunternehmen Shell beauftragt.*

Material 2: Jugend 2006 – Einige Ergebnisse der 15. Shell Studie

Jugendliche heute haben ein hohes Maß an Bewusstsein für die großen Themen der Gesellschaft. Vom Altern der Gesellschaft über Probleme am Arbeitsmarkt bis hin zu ihren eigenen Zukunftsperspektiven: Jugendliche stellen sich den Herausforderungen.

Der Schulabschluss bleibt der Schlüssel zum Erfolg: Jugendliche aus sozial besser gestellten Elternhäusern besuchen aussichtsreichere Schulformen als Jugendliche aus sozial schwierigeren Verhältnissen. Diese finden sich häufig an Hauptschulen und Sonderschulen und erzielen auch in der anschließenden Ausbildung nicht die Resultate, die ihrem Potenzial entsprechen. Jugendliche an Hauptschulen blicken dabei nicht ganz so optimistisch in die Zukunft wie ihre Altersgenossen an Gymnasien.

Bemerkenswert ist in diesem Zusammenhang der geschlechtsspezifische Trend. Junge Frauen haben im Bereich der Schulbildung die jungen Männer überholt und streben auch zukünftig häufiger höherwertige Bildungsabschlüsse an – ein Trend, der sich bereits in der Shell Jugendstudie 2002 angedeutet hatte. 2006 streben 55 Prozent der befragten Mädchen das Abitur an, hingegen nur 47 Prozent der Jungen.

Was die Planung einer eigenen Familie anbetrifft, zeigt sich auch hier der pragmatische Ansatz der jungen Generation. Die Zahl junger Erwachsener, die zunächst auf eigene Kinder und Familie verzichten, wächst. Dabei ist es nicht so, dass junge Frauen keine eigenen Kinder wollen. Sie sehen sich jedoch bei der Familiengründung mit vielfältigen Schwierigkeiten konfrontiert, weil Ausbildung, berufliche Integration und Partnerschaft mit Familiengründung in einem sehr kurzen Zeitfenster komprimiert sind – der sogenannten Rushhour des Lebens. Die jungen Frauen nehmen äußerst sensibel wahr, welche Probleme mit Nachwuchs und dem Vorankommen im Berufsleben verbunden sind.

Der Rückhalt im privat-familiären Bereich entschärft Spannungen. In Zeiten wirtschaftlicher Unsicherheit bietet die Familie Sicherheit, sozialen Rückhalt und emotionale Unterstützung. Fast drei Viertel der Jugendlichen (73 Prozent) von 18 bis 21 Jahren leben noch bei ihren Eltern. Harmonie in den eigenen vier Wänden ist angesagt: 90 Prozent der Jugendlichen bekunden, gut mit ihren Eltern auszukommen, und 71 Prozent würden auch ihre eigenen Kinder genauso oder so ähnlich erziehen wollen.

Das Wertesystem der Jugendlichen weist eine positive und stabile Ausrichtung auf. Familie, Freundschaft, Partnerschaft sowie Eigenverantwortung sind weiter „in“, begleitet von einem erhöhten Streben nach persönlicher Unabhängigkeit. Mädchen und junge Frauen sind auch 2006 wie bereits 2002 das wertebewusstere Geschlecht. Orientierungen wie Umwelt- und Gesundheitsbewusstsein sowie soziales Engagement sind für sie wichtiger als für Jungen und junge Männer.

Aus: www.bildungsspiegel.de, 26.09.06

Material 3:

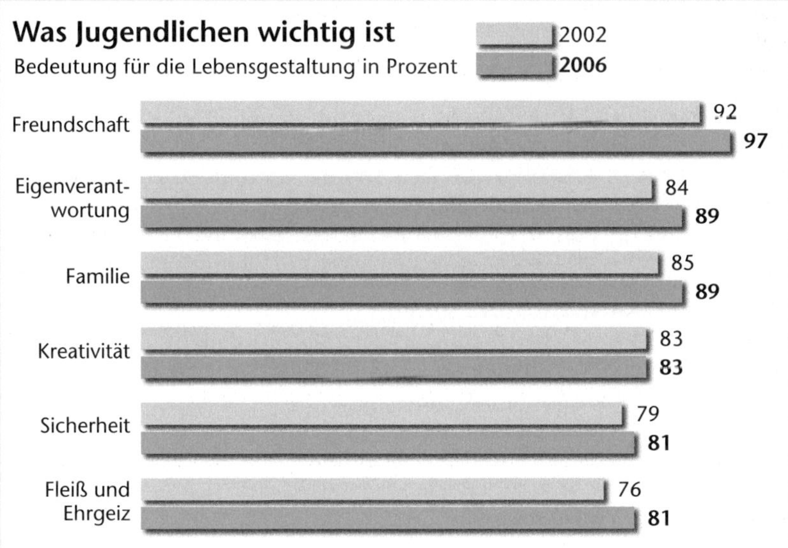

Quelle: 15. Shell Jugendstudie, Stand: 2006

Zweiter Schritt: Die Materialien lesen und deren Inhalte erfassen

Jetzt liest du die Texte und die Grafik gründlich. Dazu gehört, dass du alle unbekannten Begriffe klärst.

▶ Lies dir die Texte durch und betrachte genau die Grafik.
- Kläre die Textstellen und Wörter, die dir unklar sind.
- Markiere Textstellen und Daten, die dir besonders wichtig erscheinen.

Dritter Schritt: Die Materialien untersuchen und auswerten, die Stellungnahme vorbereiten

In der ersten Aufgabe wird von dir verlangt, dass du die Kernaussagen der Materialien ermittelst und die Materialien miteinander vergleichst.
In der folgenden Übersicht sind die wichtigsten Fragen zusammmengestellt, die du bei der Analyse und bei dem Vergleich der Texte berücksichtigen musst. Allerdings hängt es von den Texten und von der Aufgabenstellung ab, ob es sinnvoll und notwendig ist, alle Fragen zu beantworten.

Materialien analysieren und vergleichen

Bereich	Fragestellung
Thema der Materialien	• Was ist das Thema in allen Materialen?
Text analysieren (gilt für jeden vorliegenden Text)	• Was sind die wesentlichen Aussagen des Textes? • Welchen Bezug hat der Titel zum Text? • Welche Textsorte liegt vor? • Welche sprachlichen und stilistischen Figuren fallen auf? Welche Wirkung haben sie? • Sind die Texte sachlich oder wertend geschrieben? • Wird in dem Text argumentiert? • Welche Meinung vertritt der Autor? • Was will er erreichen? Welches Ziel verfolgt er?
Grafik analysieren	• Worum geht es in der Grafik? • Welchen Bezug hat der Titel zur Grafik? • Was für eine Art Grafik liegt vor (Säulendiagramm, Balkendiagramm, Kreisdiagramm ...)? • Was für Zahlenangaben werden gemacht? Worauf beziehen sie sich? • Was wird miteinander verglichen? • Ermittle, welche Angaben die höchsten, welche die niedrigsten sind. • Was wird mit der Grafik ausgesagt?

Bereich	Fragestellung
Vergleich der Materialien	• Stelle die Gemeinsamkeiten fest. • Bestimme die Unterschiede. Sie können die Textsorte, den Aufbau, die Sprache, die Aussage, den Umfang, die Wirkung und die äußere Aufmachung (Grafik, zusammenhängender Text) betreffen.

▶ Erstelle auf einem A4-Blatt oder auf einer Karteikarte eine Mindmap, aus der hervorgeht, worauf du bei einer Analyse verschiedener Materialen achten musst. Benutze die Mindmap als Lernkarte.

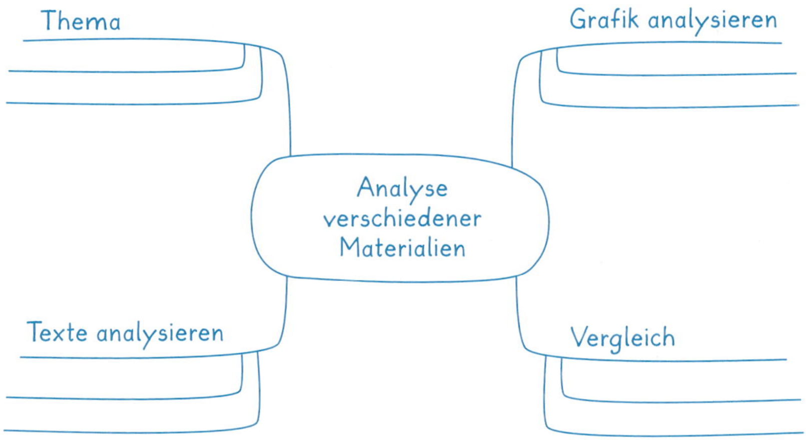

Stellung nehmen

Es wird in der zweiten Aufgabe von dir verlangt, dass du zu einer Aussage begründet Stellung nimmst. Die Beantwortung der folgenden Fragen hilft dir bei dieser Aufgabe.

Bereich	Fragestellung
Stellungnahme	• Welche Meinung habe ich von dem Thema und zu den Aussagen der Texte? • Welche Bedeutung besitzt das Thema in der Gegenwart? • Wie wirken die Materialien auf den heutigen Leser, wie wirken sie auf mich? • Welche Erfahrungen habe ich mit dem Thema gemacht?

▶ Führe eine Analyse der Materialien 1 – 3 durch. Notiere deine Ergebnisse in Stichworten, als Cluster oder Mindmap.

Vierter Schritt: Einen Schreibplan anlegen

Ein Schreibplan hilft dir, deine aus den Materialien gewonnenen Ergebnisse zu ordnen, sinnvoll aufeinander zu beziehen und Schwerpunkte zu setzen. Jeder neue Gesichtspunkt sollte in einem eigenen Abschnitt dargestellt werden. Berücksichtige in der Gliederung die Schwerpunkte der Aufgabenstellung.

Möglicher Schreibplan für die Analyse der Texte und Grafiken:

Schreibplan

Einleitung:
Vorstellung des Themas und Nennung der Materialien

Hauptteil:
1. Zusammenfassung der Materialien
- Inhalt des 1. Texts
- Inhalt des 2. Texts
- Inhalt der Grafik
2. Vergleich der Materialien
- Nennung der Textsorten
- Vergleich der Aussagen der Texte

Schluss
- Stellungnahme zum Zitat

▶ Entwirf einen Schreibplan für deine Analyse der Materialien.

Fünfter Schritt: Die Ergebnisse des Vergleichs und die Stellungnahme aufschreiben

Nachdem du nun die Materialien analysiert und einen Schreibplan entworfen hast, schreibst du deinen Aufsatz. Dazu gehört Folgendes:

- Ausformulieren der Stichworte oder der Mindmap in ganzen Sätzen zu einem zusammenhängenden Text,
- Formulieren von Überleitungen zwischen den Textteilen,
- durch Satzverknüpfungswörter Sätze verbinden,
- durch sprachliche und stilistische Mittel den Text gestalten,
- durch die Verwendung von Fachbegriffen präzise schreiben,
- durch Zitate und Nennung von Daten wichtige Aussagen belegen.

▶ Setze deinen Schreibplan um.

Sechster Schritt: Den eigenen Text überarbeiten

Nachdem du deinen Aufsatz geschrieben hast, liest du dir deinen Text noch mal durch und korrigierst und verbesserst ihn. Dazu hilft dir folgende Checkliste:

CHECKLISTE

1. Text inhaltlich überarbeiten:

- Habe ich die Aufgabenstellung genau beachtet?
- Enthält die Einleitung die Informationen zu den Texten?
- Wird das übergeordnete Thema der Materialien genannt?
- Werden die wichtigsten Aussagen der Materialien wiedergegeben?
- Wird meine eigene Haltung und Meinung zum Thema deutlich?
- Habe ich mein Schreibziel erreicht?
- Habe ich nichts vergessen?

Vergleiche deinen Aufsatz mit deinen Auswertungen und deinem Schreibplan.

2. Text sprachlich überarbeiten:

- Ist mein Text verständlich?
- Sind meine Ausführungen logisch aufgebaut?
- Habe ich jeden neuen Gedanken in einem eigenen Absatz dargestellt?
- Habe ich Überflüssiges gestrichen?
- Bin ich beim Thema geblieben?
- Unterstützen meine Überleitungen den inneren Zusammenhang meines Textes?
- Stimmen die Zitate und habe ich die Zitate in Anführungsstriche gesetzt und mit Zeilenangaben versehen?
- Habe ich Satzverknüpfungswörter verwendet?
- Ist mein Satzbau grammatisch richtig?
- Sind Sprache und Wortwahl angemessen?
- Passen meine ausgewählten sprachlichen und stilistischen Mittel zum Thema?
- Schreibe ich durchweg sachlich?
- Ist meine Stellungnahme begründet?

3. Text rechtschriftlich überprüfen:

- Sind Rechtschreibung und Zeichensetzung korrekt?
- Habe ich, wenn ich unsicher bin, die Wörter nachgeschlagen?

▶ Überarbeite deinen Text.

Analyse und Vergleich der Materialien zur Shell Jugendstudie 2006

Im Jahr 2006 wurden die Ergebnisse der 15. Shell Jugendstudie veröffentlicht, die sich auf die Aussagen von ca. 2 500 Jugendlichen im Alter von 12 bis 25 Jahren stützt. Zu dieser Studie liegen mir drei Materialien vor, die sich vor allem mit den Einstellungen der Jugendlichen beschäftigen.

Das erste Material „Die Angst sitzt uns in den Knochen" ist ein kurzer Kommentar, der im Internet auf www.spiegel.de am 26.09.06 erschien. Er weist auf die zerrissene, gespaltene Haltung der Jugend hin. Zum einen vertreten die Jugendlichen positive Werte, sodass sogar von einer „Bilderbuch-Generation" (Z. 2) gesprochen wird. Zum anderen werden aber auch die Verunsicherung und die Angst vor Armut, Wirtschaftskrisen und Arbeitslosigkeit betont (Z. 6 f.).

Das zweite Material „Jugend 2006 – Einige Ergebnisse der 15. Shell Jugendstudie", das auch im Internet auf www.bildungspiegel.de am 26.09.06 publiziert wurde, berichtet über einige Fakten der Studie. So wird darauf hingewiesen, dass die Jugendlichen über „ein hohes Maß an Bewusstsein" (Z. 1) verfügen und die „Herausforderungen" (Z. 4) der Gegenwart annehmen. Allerdings ist der spätere berufliche Erfolg stark von dem Elternhaus und Schulabschluss abhängig. Kinder aus „sozial bessergestellten Elternhäusern" (Z. 5 f.) und Gymnasiasten haben die besten Chancen und Zukunftsaussichten.

Der Bericht geht sehr ausführlich auf die Situation der jungen Frauen ein. Diese haben mittlerweile die jungen Männer in Bezug auf die Schulabschlüsse überholt: Mehr Mädchen als Jungen erlangen das Abitur. Die jungen Frauen nutzen ihre guten Chancen und wollen zunächst im Berufsleben Fuß fassen. Dafür stellen sie ihren Wunsch nach einer eigenen Familie zurück. Der Bericht betont die Schwierigkeit, die sich für die Frauen ergibt, gleichzeitig Ausbildung, Beruf, Partnerschaft und Familiengründung unter einen Hut zu bringen.

Halt geben vielen Jugendlichen die eigenen Eltern, bei denen viele Jugendliche auch noch nach der Volljährigkeit wohnen. Dazu passt, dass viele Jugendliche über ein positives und stabiles „Wertesystem", Umwelt- und Gesundheitsbewusstsein verfügen und sich sozial engagieren. Allerdings sind auch in diesem Bereich die Frauen aktiver als die Männer.

Das dritte Material ist ein Balkendiagramm aus der Shell Jugendstudie. Unter dem Titel „Was den Jugendlichen wichtig ist" werden die bedeutendsten Gesichtspunkte für die Lebensgestaltung genannt und den Daten von 2002 gegenübergestellt. Insgesamt fällt auf, dass die positiven Werte – Freundschaft (97 %), Eigenverantwortung (89 %), Familie (89 %) – um jeweils 5 % öfter erwähnt werden als 2002. Auch Sicherheit (81 %) und Fleiß und Ehrgeiz (81 %) sind den Jugendlichen noch wichtiger geworden.

Die Materialien sind von der Textsorte (Kommentar, Bericht, Balkendiagramm) her äußerst unterschiedlich, ergänzen sich aber inhaltlich. Die Aussagen des Berichts werden durch das Balkendiagramm bestätigt und gefestigt. Der kurze Kommentar nimmt diese Ergebnisse auf und betont die positive Einstellung der Jugendlichen, weist aber auch auf deren Zukunftsängste hin. Durch das Schaubild und vor allem den Bericht wird der Kommentar erst richtig verständlich.
Die Aussage eines Jugendlichen, dass uns die Angst in den Knochen sitze, kann ich für mich, und ich meine auch für viele aus meinem Freundeskreis, nicht bestätigen. Von Angst zu sprechen, finde ich übertrieben. Stattdessen würde ich sagen, dass wir eher von der Unsicherheit betroffen sind, wie es denn nun nach der Schule weitergehen wird. Es ist sicher so, dass wir nicht in dem Beruf pensioniert werden, den wir mit 16 oder vielleicht 19 Jahren erlernen. Wir wissen, dass es für uns keine Garantien gibt und dass wir versuchen müssen, mit mehr Bildung und guten Abschlüssen uns selbst voranzubringen. Sicher wird heute lieber ein Abiturient oder ein Handelsschüler als Auszubildender eingestellt, doch wenn man den geforderten Abschluss hat, sind die Chancen auf einen Job in unserer Region ganz gut. Ich habe noch keine Ausbildungsstelle, dafür bin ich auf der Berufsschule angenommen worden. Das Gefühl, nicht gebraucht zu werden, kann ich trotzdem nicht bestätigen. Wer aber nicht bereit ist zu lernen, von seinem Traumberuf abzusehen oder eventuell den Ort zu wechseln, der kann möglicherweise außen vor bleiben.
Keine Angst habe ich, was meine private Situation betrifft. Meine Freunde und ich halten zusammen, mit meiner Familie verstehe ich mich gut, ich vertrete auch die positiven Werte wie die in der Studie befragten Jugendlichen. Zwar gehen für mich auch die Ausbildung und der Beruf vor, trotzdem will ich später auch eine eigene Familie haben. Doch eine Familie kann ich auch noch mit 35 oder 40 Jahren gründen.

- Untersuche, wie die einzelnen Abschnitte des Schreibplans in dem Aufsatz umgesetzt werden.

- Wie man die Materialien zur Shell-Studie 2006 analysiert und beurteilt, hängt natürlich vom jeweiligen Schreiber des Aufsatzes ab. Vergleiche deinen Aufsatz mit dem obigen Text.
  Stelle Gemeinsamkeiten und Unterschiede fest.

Selbstbeurteilungsbogen

▶ Der folgende Selbstbeurteilungsbogen hilft dir, Gelungenes und Fehler in deiner Analyse der Materialien zu erkennen. Gehe den Bogen Schritt für Schritt durch. In der rechten Spalte findest du Hinweise für die Nachbearbeitung.

Frage	Ja	Nein	Das könnte ich noch tun ...
Habe ich die Aufgabenstellung berücksichtigt?			• Markiere die Arbeitsaufträge und formuliere sie mit eigenen Worten.
Habe ich die Operatoren richtig verstanden?			• Schlage die Bedeutung der Operatoren nach.
Habe ich die Materialien mit der Sechs-Schritt-Lesemethode erschlossen?			• Wiederhole die Sechs-Schritt-Lesemethode. • Prüfe, ob du einen Schritt vergessen hast.
Habe ich eine passende Einleitung geschrieben?			• Nenne in deiner Einleitung Autor, Titel, Textsorte und Erscheinungsort. • Weise in deiner Einleitung auf das Thema hin.
Habe ich den Inhalt des Textes und der Grafik richtig zusammengefasst?			• Formuliere in einem Satz, worum es in den Texten geht. • Markiere oder notiere die Aussagen und Daten, die für das Thema wichtig sind. Streiche Überflüssiges weg. • Schreibe deine Zusammenfassung im Präsens. • Schreibe direkte Rede in indirekte Rede um. Verwende dabei den Konjunktiv oder dass-Sätze. • Wiederhole die Arbeitstechniken Inhalte zusammenfassen und Grafiken analysieren.
Habe ich die Materialien miteinander verglichen?			• Untersuche Inhalt, Sprache, Aufbau, Wirkung und Gestaltung der Materialien. • Was sagen die Materialien gemeinsam aus? Worin unterscheiden sie sich? • Welcher Zusammenhang besteht zwischen den Materialien? • Was für Textsorten liegen vor?
Habe ich meinen Aufsatz strukturiert?			• Gliedere deinen Text nach Argumenten. • Gliedere deinen Text in Absätze.

Frage	Ja	Nein	Das könnte ich noch tun ...
Habe ich beschreibende und wertende Textteile aufeinander bezogen?			• Dein Text sollte verständlich sein, auch wenn man die Ausgangstexte nicht vorliegen hat. Stelle daher immer zunächst dar, was du beurteilst. • Wenn du etwas beschreibst, dann vergiss nicht, das Beschriebene zu deuten. • Prüfe, ob du deine Meinung belegt hast. • Nutze Satzverknüpfungswörter und mache so deutlich, wie sich deine Textteile und Sätze aufeinander beziehen.
Habe ich mich präzise, genau und abwechslungsreich ausgedrückt?			• Überprüfe den Text auf unnötige Wortwiederholungen. • Kannst du wiederholt auftretende Wörter durch ähnliche ersetzen? Formuliere genau und verbessere deine Texte durch Umstell- und Ersatzprobe. • Welche Stilmittel kannst du einsetzen?
Habe ich die Sätze richtig, angemessen und abwechslungsreich formuliert?			• Ist jeder Satz vollständig? • Sind die Sätze übersichtlich gebaut und nicht verschachtelt? • Beginnen die Sätze mit verschiedenen Satzgliedern? Führe die Umstellprobe durch.
Habe ich verständlich geschrieben?			• Lies deinen Text aus der Perspektive deiner Mitschüler oder eines möglichen Adressaten.
Habe ich richtig zitiert?			• Setze deine Zitate in Anführungszeichen. • Kennzeichne ausgelassene Stellen (...). • Gib nach dem Zitat die entsprechende Zeile in Klammern an *(Z. 35)*.
Habe ich eine begründete Einschätzung und Beurteilung der Materialien vorgenommen?			• Welchen Aussagen stimmst du aus deiner Erfahrung eher zu, welche teilst du nicht? • Überlege, wie du zu dem Thema stehst. • Vergiss nicht, deine Meinung zu begründen.

2.4 Eine Rede analysieren und Stellung nehmen

Viele Politiker, aber auch andere Person des öffentlichen Lebens, nutzen die Rede, um andere von ihren Ansichten zu überzeugen und zu einem bestimmten Handeln zu bewegen. Um die genauen Absichten und Ziele einer Rede und ihre Stichhaltigkeit zu ermitteln, ist es notwendig, dass du sie genau analysierst. Dazu gehört, dass du die Inhalte der Rede erfasst und ermittelst, mit welchen stilistischen Mitteln der Redner versucht, seine Zuhörer oder Leser von seiner Meinung zu überzeugen. Worauf du bei der Analyse einer Rede achten musst, wird dir im Folgenden an einem Beispiel mit Aufgabenstellung erläutert. Der Verlauf der Redeanalyse umfasst sechs Schritte:

1. Sich über die Aufgabenstellung und die Rede orientieren
2. Die Rede lesen und ihre Inhalte erfassen
3. Die Rede untersuchen und auswerten, die Stellungnahme vorbereiten
4. Einen Schreibplan anlegen
5. Eine Redeanalyse schreiben
6. Die Redeanalyse überarbeiten

Erster Schritt: Sich über die Aufgabenstellung und die Rede orientieren

Zunächst solltest du dich mit der Aufgabenstellung vertraut machen. Denn von der Aufgabenstellung hängt es ab, welche Gesichtspunkte der Rede du analysieren und beurteilen sollst.

Aufgabenstellung:

1. Analysiere die Rede von Angela Merkel auf dem Girls' Day.
   a) Fasse die wesentlichen Aussagen der Rede in eigenen Worten zusammen.
   b) Untersuche wesentliche sprachliche Mittel, die die Rednerin verwendet. Deute auch ihre Wirkung.
2. Nimm Stellung zu den Aussagen der Rednerin. Berücksichtige dabei auch die sprachliche Gestaltung der Rede.

▶ In der Aufgabenstellung sind die Operatoren (Anweisungen) unterstrichen. Schlage sie nach, um die Aufgaben richtig lösen zu können.

Bevor du dich in den Text vertiefst, verschaffe dir einen Überblick, worum es in der Rede geht.

▶ Lies die Überschrift und überfliege die Rede.

Ansprache anlässlich der Auftaktveranstaltung des Girls' Day 2006 am 25. April 2006 in Berlin

Bundeskanzlerin Angela Merkel

Liebe Schülerinnen,
sehr geehrte Unternehmensvertreter,
meine Damen und Herren,
ich freue mich, heute am bundesweiten Girls' Day mit einigen Schülerinnen zusammenzutreffen. Dieser Girls' Day findet zum 6. Mal statt. Am 27. April werden in ganz Deutschland Betriebe ihre Labore, Büros und Werkstätten öffnen – und zwar für Mädchen. Im Kanzleramt machen wir heute schon den Auftakt zu diesem Girls' Day, das heißt, wir bereiten Deutschland darauf vor. Deshalb möchte ich euch ganz herzlich hier willkommen heißen. Ihr habt ja schon einen interessanten Vormittag verbracht, und das Ganze wird nachher noch weitergehen.

Ich glaube, man kann, obwohl der Girls' Day erst zum 6. Mal stattfindet, sagen, dass er eine Erfolgsgeschichte ist. Es nahmen allein im letzten Jahr 127 000 Mädchen in knapp 7 000 Unternehmen und Organisationen an Veranstaltungen teil.

Eine Vorreiterrolle übernehmen dabei die Unternehmen, die in der gemeinnützigen Initiative D 21* organisiert sind und die sich ganz besonders für Innovation und Bildung und hier wiederum besonders für den Bereich der Informationstechnologie interessieren. Ich möchte mich ganz herzlich bei denen bedanken, die diese Initiative durchführen. Das ist auch ein Grund, weshalb wir heute sagen: Hier im Bundeskanzleramt seid Ihr ganz herzlich willkommen.

Viele Mädchen, die in den vergangenen Jahren schon am Girls' Day teilgenommen haben, haben sich im Nachhinein dafür entschieden, ein Praktikum oder sogar eine Ausbildung im technischen Bereich anzustreben. Das ist auch genau das Ziel, dass man vom klassischen Rollenverständnis „Hier arbeiten Frauen, da arbeiten Männer" wegkommt und stattdessen zur Auffassung gelangt: Mädchen können alles genauso wie die Jungen. Die Jungen müssten allerdings manche Berufe auch noch etwas zahlreicher ausüben.

* D 21: Verein, zu dem viele Unternehmen aus allen Industriebereichen gehören und der in Zusammenarbeit mit der Politik auf der Basis von neuen Informations- und Kommunikationstechnologien Qualifikations- und Bildungsmöglichkeiten fördern will

Wir haben nun in diesem Jahr eine Überschneidung: Einerseits findet der Girls' Day statt, die Initiative D 21 und gleichzeitig das Jahr der Informatik. Daher wollen wir natürlich insbesondere Begeisterung für alles wecken, was mit dem Computer und dem Programmieren zu tun hat. Denn ich denke, dass gerade die Informationstechnologie sehr viele Möglichkeiten für Mädchen mit sich bringt.
Ich weiß nicht, wie es bei euch ist, ob Ihr euch gern mit dem Computer beschäftigt. Da kann man viele interessante Dinge machen. Euch erwartet ja hier noch ein sehr spannender Nachmittag. Das ist für euch – Ihr seid alle in der 7. Klasse – natürlich auch etwas zum Schnuppern.
Es ist so: Ich bin Physikerin, ich habe Physik studiert. Aber leider haben immer noch zu viele Mädchen Sorgen, ob sie sich mit Naturwissenschaften beschäftigen sollen, ob ihnen das Freude macht und sie es schaffen. Insofern möchte ich euch dazu auffordern, der ganzen Sache offen entgegenzutreten. Es kann nämlich nicht so bleiben, dass die Hälfte der Mädchen aus den rund 350 Ausbildungsberufen immer wieder nur etwa zehn Berufe auswählen und sie immer wieder die gleichen Berufe lernen.
Unsere Welt wandelt sich massiv. Das heißt, ich habe nicht in den Berufen, die ich am besten kenne, die besten Berufsaussichten, sondern ich habe in dem Bereich die besten Berufsaussichten, in dem die Zahl der Arbeitsplätze wächst. Dazu gehört mit Sicherheit die Informationstechnologie.
Ich glaube, dass Mädchen genauso gut wie Jungs den Problemen auf den Grund gehen und die Dinge beobachten können. Ich will euch noch sagen, welche Erfahrung ich gemacht habe, als wir im Physikstudium oder in der Schule praktische Versuche gemacht haben. Es war dann oft so, wenn sich ein Junge und ein Mädchen eine Apparatur, ein Experiment, teilen mussten, die Jungen gleich anfingen, irgendetwas zu machen. Damit haben sie erst einmal das Gerät in Beschlag genommen. Die Mädchen schauen und überlegen, wie man die Sache angehen könnte.
Hinterher hat man einen unheimlichen Kampf darum, wieder an das Gerät heranzukommen, nachdem man sich alles gut überlegt hat. Aber das schnelle Zugreifen bei den Jungen bedeutet auf keinen Fall, dass sie gleich wissen, wie es geht, sondern sie haben oft viele Fehlversuche. Man muss dann als Mädchen sehen, dass man sich durchsetzt.
So ging es mir oft. Deshalb habe ich zum Schluss eigentlich sehr gern mit anderen Mädchen gemeinsam Experimente gemacht. Dann haben wir uns das etwas fairer geteilt und waren manchmal sogar eher fertig als die Jungen am Nachbargerät. – Also, das kann man sich ruhig überlegen.

Nun gab es eine Preisfrage, die ich zum Schluss meiner kurzen Worte noch auflösen werde. Ich möchte der Firma CW Haarfeld ganz herzlich danken; sie hat nämlich den Gewinn gestiftet. Die Preisfrage lautete: Im Jahr 2004 wurden 7 628 neue Ausbildungsverträge für den Beruf des Fachinformatikers beziehungsweise der Fachinformatikerin abgeschlossen. Wie viele von diesen Auszubildenden, also 7 628, waren Frauen?

Die richtige Antwort zeigt uns, dass wir den Girls' Day noch ein paar Jahre brauchen. Es gab nur 554 weibliche Auszubildende. Das entspricht nur 7,26 Prozent. Das sind von 100 Schülerinnen und Schülern also nur sieben Mädchen. Dazu möchte man sagen: Meine liebe Frau, mehr Mut zur Fachinformatikerin!

Wer hat die richtige Antwort gefunden? Xenia Höhle ist der Sache wohl am Nächsten gekommen. Herzlichen Glückwunsch, du hast ja einen sehr realistischen Blick auf die Welt.

Ihr bekommt einen Gutschein für einen Klassenausflug. Mit einem Reisebus geht es nach Bremen ins „Universum Science Center". Dort gibt es die Wunder der Wissenschaft mit interaktiven Exponaten in atemberaubenden Erlebniswelten zum Anfassen. Ich wünsche euch viel Spaß bei der Reise mit dem Bus nach Bremen!

Aus: www.bundesregierung.de

Zweiter Schritt: Die Rede lesen und ihre Inhalte erfassen

Mache dir bewusst, worum es in der Rede geht und wer genau angesprochen wird. Achte auch darauf, welche Absichten die Rednerin mit ihrer Rede verfolgt.

▶ Lies dir die Rede genau durch.
- Kläre die Textstellen und Wörter, die dir unklar sind.
- Markiere Textstellen, die dir besonders wichtig erscheinen.

Dritter Schritt: Die Rede untersuchen und auswerten, die Stellungnahme vorbereiten

Die erste Aufgabe verlangt von dir, dass du die Rede analysierst. Dabei kommt es darauf an, dass du die Inhalte der Rede zusammenfasst und die sprachlichen Mittel und deren Wirkung ermittelst.

In der folgenden Übersicht sind die wichtigsten Fragen zusammmengestellt, die du bei der Analyse einer Rede berücksichtigen musst. Allerdings hängt es vom Text und von der Aufgabenstellung ab, ob es sinnvoll und notwendig ist, alle Fragen zu beantworten.

Bereich	Fragestellung
Redesituation	• Wer hält die Rede? • Zu welchem Anlass wird die Rede gehalten? • Wo und wann wird die Rede gehalten? • Wer ist unmittelbarer Adressat der Rede, wer wird indirekt angesprochen?
Thema/Inhalt	• Worum geht es, was ist das Thema der Rede? • Wie ist die Rede inhaltlich aufgebaut? • Welche Behauptungen werden formuliert?
Ziele/ Absichten	• Welche Ziele, welche Absichten werden mit der Rede verfolgt?
Sprachliche Besonderheiten der Rede	• Mit welchen Stilmitteln versucht der Redner, seine Zuhörer von seinem Anliegen zu überzeugen? Welche Wirkung haben sie? • Welche Auffälligkeiten im Satzbau kannst du erkennen? Was bewirken sie? • Welche Argumente findest du, die die Absichten des Redners unterstützen? • Werden bestimmte Wortarten oder Wörter in auffälliger Weise verwendet?

▶ Erstelle auf einem A4-Blatt oder auf einer Karteikarte eine Mindmap, aus der hervorgeht, worauf du bei einer Analyse einer Rede achten musst. Benutze die Mindmap als Lernkarte.

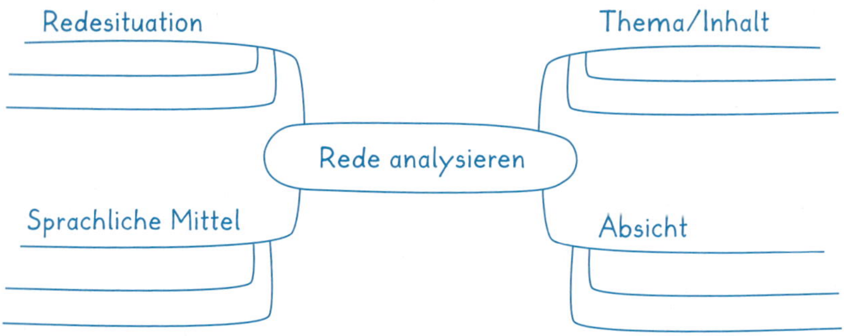

Zu einer Rede Stellung nehmen

Es wird in der zweiten Aufgabe von dir verlangt, dass du dich mit den Aussagen und der Sprache der Rede auseinandersetzt und dazu Stellung nimmst. Zu folgenden Fragestellungen musst du Antworten formulieren können.

Bereich	Fragestellung
Beurteilung	• Wie beurteilst du das Thema der Rede? • Welche Bedeutung besitzt das Thema heute? • Wie wirkt die Rede auf den heutigen Leser, wie wirkt sie auf dich? • Hat der Autor seine Absicht / seine Ziele erreicht? • Welche Stilmittel machen die Rede interessant und überzeugend?

▶ Führe eine Analyse der Rede von Angela Merkel auf dem Girls' Day durch. Notiere deine Ergebnisse in Stichworten, als Cluster oder Mindmap.

Vierter Schritt: Einen Schreibplan anlegen

Durch einen Schreibplan kannst du deine bisherigen Ergebnisse ordnen, sinnvoll aufeinander aufbauen und Schwerpunkte für deinen Aufsatz setzen. Jeden neuen Gesichtspunkt solltest du in einem eigenen Absatz darstellen. Berücksichtige in deiner Gliederung die Schwerpunkte der Aufgabenstellung.

Möglicher Schreibplan für eine Redeanalyse

Schreibplan

Einleitung:
- Vorstellung der Rede mit Titel, Redner, Thema und Erklärung der Redesituation

Hauptteil
- Inhaltliche Darstellung der Rede
- Analyse der Stilmittel und deren Wirkung

Schluss
- Eigene Stellungnahme zum Thema, zu der Redeabsicht und der sprachlichen und stilistischen Gestaltung der Rede

▶ Entwirf einen Schreibplan für deine Analyse der Rede von Angela Merkel auf dem Girls' Day.

Fünfter Schritt: Eine Redeanalyse schreiben

Nachdem du nun die Rede untersucht und einen Schreibplan entworfen hast, schreibst du deine Analyse. Dazu gehört Folgendes:

- Ausformulieren der Stichworte oder der Mindmap in ganzen Sätzen zu einem zusammenhängenden Text,
- Formulieren von Überleitungen zwischen den Textteilen,
- durch Satzverknüpfungswörter Sätze verbinden,
- durch Stilmittel den Text interessant und überzeugend gestalten,
- durch die Verwendung von Fachbegriffen präzise schreiben,
- durch Zitate wichtige Aussagen über den Text belegen.

▶ Setze deinen Schreibplan um und schreibe eine Analyse der Rede von Angela Merkel auf dem Girls' Day.

Sechster Schritt: Die Redeanalyse überarbeiten

Nachdem du deinen Text geschrieben hast, liest du dir deinen Aufsatz noch mal durch und korrigierst und verbesserst ihn. Dazu hilft dir folgende Checkliste:

CHECKLISTE

1. **Text inhaltlich überarbeiten:**
   - Habe ich die Aufgabenstellung genau beachtet?
   - Enthält die Einleitung die notwendigen Informationen zur Rede (Titel, Autor, Thema) und Redesituation?
   - Wird das Thema der Rede erläutert?
   - Habe ich die Stilmittel der Rede analysiert?
   - Wird meine eigene Beurteilung des Ausgangstextes deutlich?
   - Habe ich mein Schreibziel erreicht?
   - Habe ich nichts vergessen?

   Vergleiche deinen Aufsatz mit deinen Auswertungen und deinem Schreibplan.
2. **Text sprachlich überarbeiten:**
   - Ist mein Text verständlich?
   - Sind meine Ausführungen logisch aufgebaut?
   - Habe ich jeden neuen Gedanken in einem eigenen Absatz dargestellt?
   - Habe ich Überflüssiges gestrichen?
   - Bin ich beim Thema geblieben?
   - Unterstützen meine Überleitungen den inneren Zusammenhang meines Textes?

- Stimmen die Zitate und habe ich die Zitate in Anführungsstriche gesetzt und mit Zeilenangaben versehen?
- Habe ich Satzverknüpfungswörter verwendet?
- Ist mein Satzbau grammatisch richtig?
- Sind Sprache und Wortwahl angemessen?
- Passen meine ausgewählten Stilmittel zum Thema?
- Schreibe ich durchweg sachlich?
- Ist meine Beurteilung begründet?

3. Text rechtschriftlich überprüfen

- Sind Rechtschreibung und Zeichensetzung korrekt?
- Habe ich, wenn ich unsicher bin, die Wörter nachgeschlagen?

▶ Überarbeite deinen Text.

Eine Analyse der Rede von Angela Merkel auf dem Girls' Day

Am 27. April 2006 findet zum sechsten Mal der Girls' Day in Deutschland statt. An diesem Tag begrüßt die Bundeskanzlerin Angela Merkel Schülerinnen, aber auch Unternehmensvertreter auf der Auftaktveranstaltung im Berliner Bundeskanzleramt. In ihrer Rede geht sie vor allem auf den Sinn und Zweck des Girls' Day ein. Außerdem will sie den Mädchen Mut machen, naturwissenschaftliche und technische Berufe zu erlernen.
In ihrer Ansprache erklärt die Bundeskanzlerin, dass am Girls' Day viele Betriebe in Deutschland ihre „Labore, Büros und Werkstätten" (Z. 6) nur für Mädchen öffnen. Die Mädchen sollen so einen ersten Einblick in technische und naturwissenschaftliche Berufe erhalten und motiviert werden, sich für diese Tätigkeiten zu interessieren. Angela Merkel weist darauf hin, dass tatsächlich viele Besucherinnen eines Girls' Day eine Tätigkeit in einem technischen Beruf aufgenommen haben.
In diesem Zusammenhang betont Frau Merkel, dass das klassische Rollenverständnis aufgebrochen werden müsse. Mädchen sollen verstärkt in sogenannten Jungenberufen arbeiten und Jungen in Mädchenberufen. Frau Merkel, die Physik studiert hat, führt sich selbst als positives Beispiel an, verschweigt aber auch nicht die Schwierigkeiten, die es für sie gab, sich in einem naturwissenschaftlichen Beruf durchzusetzen.
Grundsätzlich fordert die Bundeskanzlerin die Mädchen auf, sich bei der Berufswahl nicht auf wenige Berufe zu beschränken, sondern flexibler zu sein. Sie rät den anwesenden Mädchen einen Ausbildungsberuf zur Fachinformatikerin

oder in anderen Bereichen der Informationstechnologie zu ergreifen, wo Frauen stark unterrepräsentiert seien. Angela Merkel betont, dass der Girls' Day gerade deshalb von Betrieben der Informationstechnologie unterstützt wird.
Die Bundeskanzlerin richtet ihre Rede an zwei verschiedene Adressaten. Zum einen spricht sie zu den anwesenden Mädchen einer siebten Klasse und zum anderen zu den Unternehmensvertretern. An die Mädchen appelliert sie, sich verstärkt für technische Berufe zu interessieren und diese auch zu erlernen. Indirekt appelliert sie damit an die Unternehmensvertreter, entsprechende Voraussetzungen zu schaffen.
Den Jugendlichen versucht sie, durch ihre Wortwahl und die sprachlichen Mittel gerecht zu werden. Wenn sie zu den Mädchen spricht, wählt sie meistens einfache kurze Sätze, die sie aneinanderreiht und oft mit Adverbien verknüpft (Z. 9). Sie vermeidet so lange Sätze, denen man eventuell inhaltlich nicht mehr folgen könnte. Manchmal versucht sie, die Sprachform der Jugendlichen zu treffen, beispielsweise bei „Dinge machen“ (Z. 37) oder „etwas zum Schnuppern“ (Z. 39). Wenn sie den Mädchen etwas erklärt, verzichtet sie weitgehend auf Fremdwörter. Stattdessen erklärt und wiederholt sie entscheidende Begriffe, wie „Berufsaussichten“ (Z. 48 f.). Durch einige Alliterationen (Z. 49), Dreierfiguren (Z. 6) und Parallelismen („Hier arbeiten Frauen, da arbeiten Männer“, Z. 26 f.) verleiht sie ihren Aussagen Nachdruck. Außerdem gibt sie anschauliche und persönliche Beispiele aus ihrem Leben. Des Weiteren spricht sie die Mädchen an, etwa bei der Auflösung der Preisfrage, wenn sie ihnen Ratschläge gibt („Also, das kann man sich ruhig überlegen“, Z. 67) oder Aufrufe tätigt („Meine liebe Frau, mehr Mut zur Fachinformatikerin“, Z. 77 f.).
Der Umstand, dass Frau Merkel den Großteil ihrer Rede den Jugendlichen widmet, führt dazu, dass die Unternehmensvertreter nicht direkt von ihr angesprochen werden. Nur selten rutschen ihr Fachbegriffe oder Fremdwörter wie „Innovation“ (Z. 18) und „Initiative D 21“ (Z. 17) heraus, die den Mädchen wohl unverständlich sein dürften.
Mir gefällt an der Rede, dass Frau Merkel versucht, auf die Mädchen einzugehen. Schließlich ist der Girls' Day ja ihr Tag. Die Wahl ihrer sprachlichen Mittel und Wörter sowie ihr Satzbau sind meiner Meinung nach durchaus angemessen für diese Altersgruppe.
Für mich steht aber ihr Verhalten als Physikerin im Widerspruch zu ihrer Forderung an die Mädchen, sich in Männerberufen durchzusetzen. Wenn sie im Studium vor allem mit Mädchen zusammengearbeitet hat, beweist sie durch ihr Verhalten doch, dass sie sich nicht gegenüber den Jungen durchgesetzt, sondern zurückgesteckt hat. Ihr Beispiel sagt aus, dass Mädchen zusammenhalten sollten. Wo können sie das einfacher als in typischen Frauenberufen?

> *Ich bin mir auch nicht im Klaren darüber, ob der Hinweis, dass die Jungen die physikalischen Apparate für sich beanspruchten, nicht sogar abschreckend auf die Mädchen wirkt.*
> *Sicherlich werden beide Appelle, dass die Mädchen sich mehr um technische Berufe bemühen sollen und dass die Wirtschaft dafür die Bedingungen schaffen soll, verstanden. Allerdings fehlt den Appellen jeder Nachdruck und auch Anreiz zur Umsetzung. Für mich zeigt die Tatsache, dass nach sechs Jahren Girls' Day kaum Auszubildende als Fachinformatikerin eingestellt werden, dass für viele Mädchen ein Girls' Day nicht ausreicht, um sie für Technik zu begeistern.*

- ▶ Untersuche, wie die einzelnen Abschnitte des Schreibplans in dem Aufsatz umgesetzt wurden.

- ▶ Wie man die Rede von Angela Merkel auf dem Girls' Day analysiert und beurteilt, hängt natürlich vom jeweiligen Schreiber des Aufsatzes ab. Vergleiche deinen Aufsatz mit dem obigen Text. Stelle Gemeinsamkeiten und Unterschiede fest.

Selbstbeurteilungsbogen

Der folgende Selbstbeurteilungsbogen hilft dir, Gelungenes und Fehler in deiner Redeanalyse zu erkennen. Gehe den Bogen Schritt für Schritt durch. In der rechten Spalte findest du Hinweise für die Nachbearbeitung.

Frage	Ja	Nein	Das könnte ich noch tun …
Habe ich die Aufgabenstellung berücksichtigt?			• Markiere die Arbeitsaufträge und formuliere sie mit eigenen Worten.
Habe ich die Operatoren richtig verstanden?			• Schlage die Bedeutung der Operatoren nach.
Habe ich den Text mit der Sechs-Schritt-Lesemethode erschlossen?			• Wiederhole die Sechs-Schritt-Lesemethode. • Prüfe, ob du einen wichtigen Schritt vergessen hast.
Habe ich eine passende Einleitung geschrieben?			• Nenne in deiner Einleitung Autor, Titel, und Redesituation. • Weise in deiner Einleitung genau auf das Thema hin.

Frage	Ja	Nein	Das könnte ich noch tun …
Habe ich den Inhalt des Textes richtig zusammengefasst?			• Formuliere in einem Satz, worum es in dem Text geht. • Schreibe deine Zusammenfassung im Präsens. • Schreibe direkte Rede in indirekte Rede um. Verwende dabei den Konjunktiv oder dass-Sätze. • Schreibe nur, was wichtig ist, und streiche Überflüssiges weg. • Wiederhole die Arbeitstechnik Inhalte zusammenfassen.
Habe ich die wesentlichen Stilmittel untersucht?			• Untersuche, welche Stilmittel in der Rede vorkommen. • Untersuche deren Wirkung. • Notiere dir beim Lesen sprachliche Auffälligkeiten an den Rand.
Habe ich meinen Aufsatz strukturiert?			• Gliedere deinen Text nach Argumenten. • Gliedere deinen Text in Absätze.
Habe ich beschreibende und deutende Textteile aufeinander bezogen?			• Dein Text sollte verständlich sein, auch wenn man den Ausgangstext nicht vorliegen hat. Stelle daher immer zunächst dar, was du deutest. • Wenn du etwas beschreibst, dann vergiss nicht, das Beschriebene zu deuten. • Nutze Satzverknüpfungswörter und mache so deutlich, wie sich deine Textteile und Sätze aufeinander beziehen.
Habe ich mich präzise, genau und abwechslungsreich ausgedrückt?			• Prüfe den Text auf unnötige Wortwiederholungen. • Kannst du wiederholt auftretende Wörter durch ähnliche ersetzen? Formuliere genau und verbessere deine Texte durch Umstell- und Ersatzprobe. • Kannst du Stilmittel einsetzen?
Habe ich die Sätze richtig, angemessen und abwechslungsreich formuliert?			• Ist jeder Satz vollständig? • Sind die Sätze übersichtlich gebaut und nicht verschachtelt? • Beginnen die Sätze mit verschiedenen Satzgliedern? Führe die Umstellprobe durch.

Frage	Ja	Nein	Das könnte ich noch tun …
Habe ich richtig zitiert?			• Setze dein Zitat in Anführungszeichen. • Wenn du etwas auslässt, mache das durch Auslassungszeichen (…) kenntlich. • Notiere nach dem Zitat in Klammern die Zeilenangabe *(Z. 25)*.
Habe ich verständlich geschrieben?			• Lies deinen Text aus der Perspektive deiner Mitschüler oder eines möglichen Adressaten.
Habe ich begründete Beurteilung der Rede vorgenommen?			• Überlege, welche Kriterien (Maßstäbe) du bei deiner Beurteilung anwendest. • Vergiss nicht, dein Urteil zu begründen.

Teil II: Basiswissen

1 Arbeitstechniken

1.1 Sich auf Prüfungen vorbereiten

Jede Prüfung bedeutet Stress und Aufregung. Daher solltest du dich rechtzeitig darauf vorbereiten. Beachte folgende Tipps:

Lege dir einen Zeitplan an

Erstelle am besten zu Beginn des Schuljahres eine Übersicht, in die du alle Klassenarbeiten und Prüfungstermine einträgst. Auf diese Weise teilst du dir die Zeit ein und kannst das Lernen planen. Notiere, wann die Prüfung stattfindet, in welchem Bereich bzw. Fach du geprüft wirst, worum es geht und welches Material du zur Vorbereitung, zum Üben und natürlich für die Prüfung brauchst.

Zeitpunkt	Fach/Bereich	Thema	Arbeitsmittel

Lege dir ein Portfolio an

Für ein Portfolio benötigst du einen Ordner (oder eine Mappe), in dem du über einen längeren Zeitraum zu einem Thema Arbeitsergebnisse sammelst. Du wählst selbst die Texte aus, die du in dein Portfolio legen willst: ausgewählte Hausaufgaben, Aufsätze, Aufzeichnungen aus dem Unterricht, Tafelbilder, eigene Geschichten und Gedichte, Lernprotokolle, Kommentare, Ideen und weiteres Material zum Thema.

Wichtig ist, dass du das gesammelte Material untersuchst: Du kannst dann über deine Lernergebnisse und Lernstrategien nachdenken und erfährst auf diese Weise, welche Fortschritte du beim Lernen gemacht hast und was du noch üben musst. Mit Hilfe deines Portfolios kannst du folgende Fragen überprüfen:

- Was habe ich gelernt?
- Wie habe ich gelernt und gearbeitet?
- Welche Methoden und Arbeitstechniken haben mir geholfen?
- Womit bin ich zufrieden?
- Was will ich noch verbessern und üben?
- Woran möchte ich weiter arbeiten?

1.2 Arbeitsaufträge verstehen

Bei Prüfungen können die Aufgaben ganz unterschiedliche Leistungen von dir abverlangen. Es kann sein, dass du einen kurzen oder langen Text schreiben, ein richtiges Feld ankreuzen, aus einer Auswahl eine oder mehrere richtige Antworten kennzeichnen, Zahlen oder Ziffern angegeben musst.

- Bei Multiple-Choice-Aufgaben musst du aus einer Auswahl die eine richtige Antwort oder mehrere richtige Antworten auswählen. Achte deshalb immer darauf, wie viele Antworten du ankreuzen musst:
  Welche der Antworten ist richtig? (mehrere Antworten möglich)
  Kreuze die richtige Antwort an. (nur eine Antwort)
  Wenn du die Lösung nicht sofort erkennst, versuche zunächst eindeutig falsche Lösungen auszuschließen.

- Lies den Arbeitsauftrag genau. Bei vielen Aufgaben ist es sinnvoll, die Arbeitsanweisungen mit eigenen Worten wiederzugeben. Markiere dazu die Operatoren und Wörter, die für die Bearbeitung besonders wichtig sind. Fachbegriffe aus dem Deutschunterricht (z. B. Textsorten, grammatikalische Begriffe) solltest du kennen. Du hast in der Vorbereitungszeit noch Gelegenheit, durch das Nachschlagen im FINALE BASISWISSEN sicherer zu werden.

- Achte bei Aufgaben auf die genaue Formulierung: Genügen Stichwörter, reicht ein Satz zur Lösung, werden mehrere Sätze, ein Aufsatz oder ein Schaubild erwartet?
  Z. B. *Fasse den Text in wenigen Sätzen zusammen.*

- Die Zeit, die du zur Bearbeitung für einen Test oder eine Prüfungen hast, ist immer genau festgelegt. Gehe deshalb zu einer anderen Aufgabe über, wenn dir eine Aufgabe große Schwierigkeiten bereitet und du Zeit verlierst.

1.3 Sechs-Schritt-Lesemethode

Für Sachtexte wie für literarische Texte benutze die Sechs-Schritt-Lesemethode:

1. Schritt: Einen ersten Eindruck vom Text gewinnen	• Überfliege zunächst den Text. • Welche Hinweise gibt dir die Überschrift? • Wer ist der Autor bzw. die Autorin des Textes? • Ermittle die Textsorte. Handelt es sich um einen Sachtext oder literarischen Text? Kommen Abbildungen, Schaubilder, Grafiken, Diagramme vor? • Verschaffe dir einen Überblick über Zwischenüberschriften oder hervorgehobene Wörter.
2. Schritt: Fragen an den Text stellen	• Was weißt du schon über das Thema des Textes? • Worauf willst du beim Lesen besonders achten? • Worauf soll der Text dir Antworten geben?
3. Schritt: Den Text gründlich lesen	• Markiere unbekannte Begriffe und kläre ihre Bedeutung. • Markiere zu deinen Fragen Schüsselbegriffe und wichtige Aussagen. Unterstreiche nicht zu viel.
4. Schritt: Inhalte des Textes abschnittweise zusammenfassen	• Gebe den Inhalt des Textes Abschnitt für Abschnitt mit eigenen Worten wieder. Formuliere Überschriften für die Abschnitte. • Überprüfe, ob du alles Wichtige erfasst hast.
5. Schritt: Dein Verständnis des Textes überprüfen	• Hast du die Aussage des Textes als Ganzes verstanden? • Welches Ziel wird mit dem Text verfolgt? • Kannst du Inhalte des Textes schriftlich zusammenfassen oder musst du einen der vorherigen Arbeitsschritte wiederholen? • Beziehe die Inhalte auf die gestellten Fragen. Kannst du sie jetzt beantworten?
6. Schritt: Den Text deuten und beurteilen	• Hast du durch den Text neues Wissen erworben? • Wie beurteilst du die Aussage des Textes?

1.4 Grafiken analysieren

Grafiken, Tabellen oder Diagramme geben Häufigkeiten und Zahlenverhältnisse an. Man unterscheidet:

1. Balkendiagramme oder Säulendiagramme zeigen oft absolute Zahlen an. Die Höhe der Säule oder die Länge des Balkens gibt die Anzahl an.
2. Tortendiagramme bzw. Kreisdiagramme zeigen die prozentuale Zusammensetzung einer Gesamtmenge. Dabei ist der Kreis in mehrere Teile unterteilt, die jeweils den Anteil an der Gesamtmenge wiedergeben.
3. Kurvendiagramme oder Liniendiagramme zeigen Daten von verschiedenen Zeitpunkten. Durch diese Vergleichsmöglichkeit lässt sich eine Entwicklung ablesen.

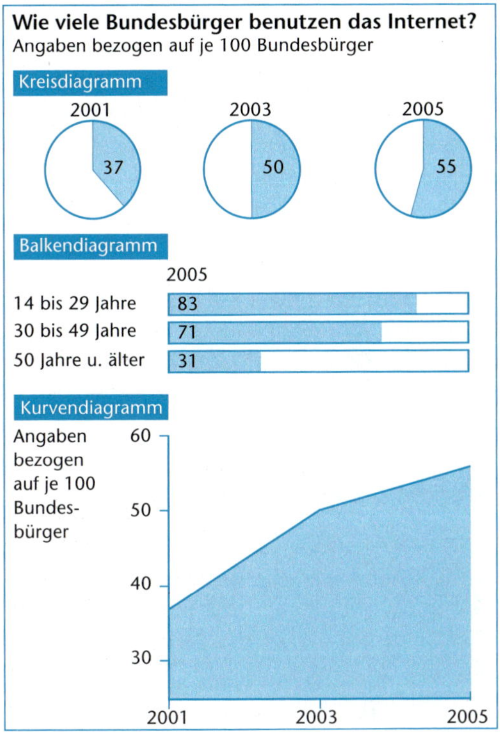

In vier Schritten eine Grafik analysieren

1. Schritt: Erster Überblick	• Worum geht es in der Grafik? Überschrift lesen. • Was ist das Thema?
2. Schritt: Daten erfassen	• Handelt es sich um absolute Zahlen oder um Prozentzahlen? • Worauf beziehen sich die Daten? • Was sind die höchsten, was die niedrigsten Werte?
3. Schritt: Daten vergleichen	• Was fällt dir beim Vergleich der Zahlen auf? • Welche Ergebnisse lassen sich aus diesem Vergleich ableiten? Kannst du Trends, auffällige Zunahmen, Abnahmen, Unterschiede zwischen den Gruppen erkennen?
4. Schritt: Grafik beurteilen	• Bewerte die Ergebnisse deiner Grafikanalyse. • Setze deine Ergebnisse in Bezug zu deinem Wissen.

1.5 Karikaturen analysieren

Eine Karikatur besteht aus einer Zeichnung, häufig mit einer Bildunterschrift, die oft im Widerspruch zur Zeichnung steht.
In einer Karikatur werden Menschen, politische, gesellschaftliche oder wirtschaftliche Zustände überspitzt dargestellt und so kommentiert. Um auf ein Problem hinzuweisen, übertreibt und verzerrt der Zeichner seine Darstellung. Dadurch ist eine Karikatur oft witzig. Doch das Anliegen ist nicht nur zu unterhalten, sondern Stellung zu einem Problem zu nehmen, Kritik zu üben und zum Nachdenken anzuregen.

In vier Schritten eine Karikatur analysieren

1. Schritt: Genau hinsehen	• Was zeigt die Zeichnung? • Wer oder was wird angesprochen? • Was fällt in der Darstellung besonders auf?
2. Schritt: Problem erkennen	• Um welches Thema geht es, welches Problem wird angesprochen? • Welche Hinweise gibt der Text?
3. Schritt: Karikatur deuten	• Welche Absicht verfolgt der Zeichner? • Welche Meinung bringt er zum Ausdruck?
4. Schritt: Stellung nehmen	• Wie stehst du zu dem Thema? • Bist du der gleichen Meinung wie der Zeichner?

1.6 Ein Cluster anlegen

„Cluster" ist ein Nomen aus dem Englischen und wird mit Traube, Büschel, Haufen oder Gruppe übersetzt. Ein Cluster anlegen bedeutet, Ideen und Einfälle zu einem Thema zu sammeln.

In vier Schritten ein Cluster anlegen

1. Schritt: Den Kern des Clusters anlegen	• Notiere das Thema (als Begriff oder als kurzen Satz) in die Mitte eines Blattes. • Umkreise den Begriff oder den Satz. So entsteht der Kern deines Clusters.
2. Schritt: Einfälle zum Thema notieren	• Schreibe alles, was dir zum Thema einfällt, in Stichworten um den Kern. • Kreise deine Notizen ein.
3. Schritt: Verbindungen herstellen	• Verbinde zusammengehörende Gedanken durch Linien miteinander. So entsteht um den Kern herum ein Ideenbündel.
4. Schritt: Das Cluster auswerten	• Betrachte dein Cluster. Markiere Notizen farbig, die besonders wichtig sind.

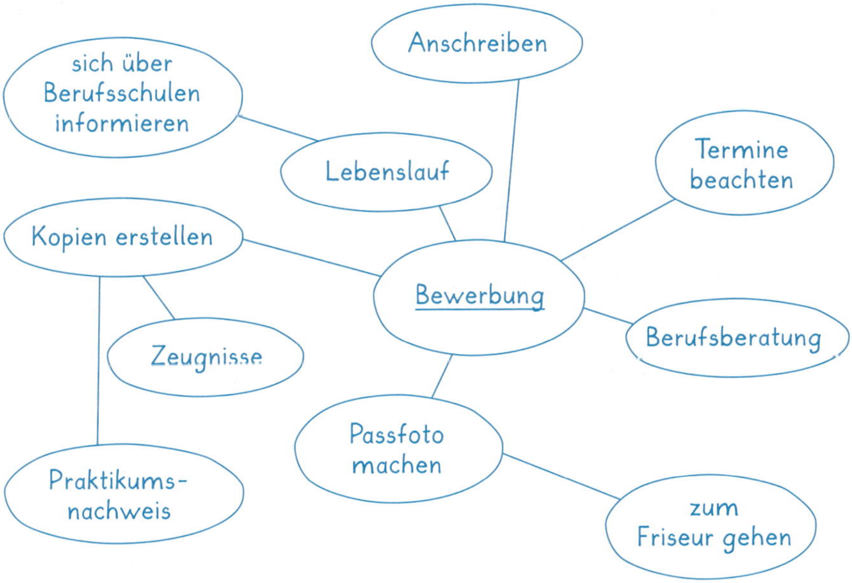

1.7 Eine Mindmap anlegen

Den Begriff Mindmap kannst du mit „Ideen-Landkarte" übersetzen. Die Mindmap stellt deine Ideen zu einem Thema geordnet dar: Hauptgedanken bzw. Oberbegriffe stehen auf „Ästen", von denen „Zweige" für Nebengedanken und Unterbegriffe abgehen.
Eine Mindmap eignet sich, um Themen und Textinhalte strukturiert und übersichtlich wiederzugeben, als Gedächtnisstütze für Referate und als Lernkartei zum Wiederholen.

In vier Schritten eine Mindmap anlagen

1. Schritt: Den Kern der Mindmap anlegen	• Notiere das Thema in die Mitte eines Blattes. • Umkreise den Begriff oder den Satz.
2. Schritt: Lege Hauptgedanken bzw. Oberbegriffe zum Thema fest	• Zeichne vom Kern aus Äste. • Notiere Hauptgedanken bzw. Oberbegriffe zu den Ästen.
3. Schritt: Lege Nebengedanken bzw. Unterbegriffe zu den Oberbegriffen fest	• Zeichne Zweige an die Äste. • Notiere passende Nebengedanken bzw. Unterbegriffe.
4. Schritt: Die Mindmap kontrollieren	• Überprüfe die Übersichtlichkeit, richtige Zuordnung und Vollständigkeit deiner Mindmap.

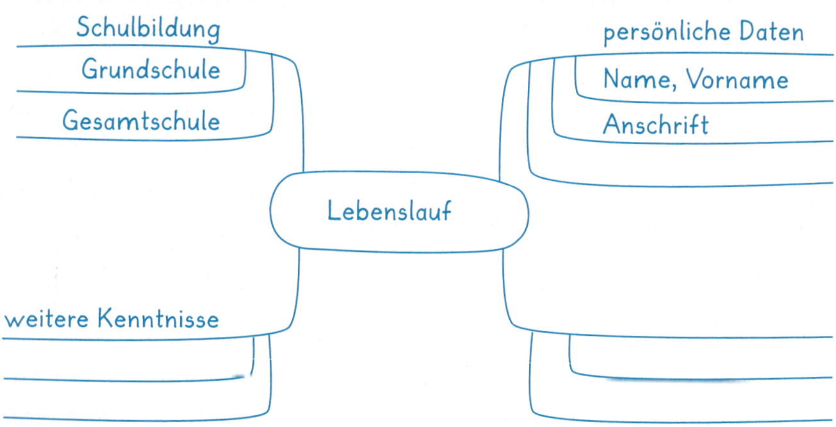

1.8 Stichwortzettel und Tabellen anlegen

Stichwortzettel

Nicht alles kann man sich merken. Damit du nichts vergisst, solltest du dir Notizen machen. Stichwortzettel kannst du zum Auswerten von Texten, bei Vorträgen, Diskussionen und Telefongesprächen einsetzen. Sie sollten gut strukturiert sein: Schreibe daher die Stichwörter untereinander, trenne sie durch Spiegelstriche, zeige durch Pfeile Zusammenhänge auf. Notiere auf dem Stichwortzettel immer das Thema, Zeitpunkt und Quelle. Du kannst sonst später deine Notizen nicht genau zuordnen.

Stichwortzettel

Aufgabe: Notizen von Texten, Vorträgen

Notizen strukturieren:
- untereinander anordnen
- durch Spiegelstriche trennen
- durch Pfeile Zusammenhänge aufzeigen
  → wichtig für Referate

Tabelle

Pro- und Kontra-Argumente, aber auch andere Informationen lassen sich in einer Tabelle übersichtlich sammeln und ordnen. Überlege vorher, wie viele Spalten bzw. Zeilen du benötigst. Gib jeder Spalte eine Überschrift oder weise ihr einen Oberbegriff zu.

Soll ich eine Ausbildung beginnen?	Soll ich weiter zur Schule gehen?
Pro - Ich verdiene Geld. - Ich stehe auf eigenen Füßen. - Arbeit macht mir bestimmt Spaß. - Ich bin doch eigentlich lange genug zur Schule gegangen. - ...	Pro - Je höher mein Abschluss, desto besser sind die Berufsaussichten. - Ich weiß noch gar nicht genau, was ich werden will. - Ich gehe gern zur Schule. - Ich habe mehr Freizeit. - ...
Kontra - Ich habe kaum noch Freizeit. - Viele Auszubildende werden später nicht übernommen. - ...	Kontra - Ich bin von meinen Eltern abhängig. - Ich verdiene kein Geld. - ...

1.9 In Wörterbüchern nachschlagen

Niemand kann alle Wörter richtig schreiben oder alle Wortbedeutungen kennen. Aus diesen Gründen gibt es Wörterbücher, in denen du die Bedeutung und Rechtschreibung der jeweiligen Wörter nachschlagen kannst.

Rechtschreibwörterbuch

Wenn du nicht sicher bist, wie ein Wort geschrieben oder getrennt wird, findest du im alphabetischen Wörterverzeichnis eines Rechtschreibwörterbuchs die richtige Schreibung und Trennung. Dort findest du auch oft Angaben zu Aussprache und Herkunft des Wortes. Einige Stichwörter werden auch in ihrer Bedeutung erklärt.
Manche Rechtschreibwörterbücher ergänzen ihr Wörterverzeichnis durch Merkkästen und einen Regelteil zur Schreibung und zum Gebrauch von Wörtern, zur Zeichensetzung und zur Grammatik.

Fremdwörterbuch

In einem Fremdwörterbuch werden dir Rechtschreibung, Silbentrennung, Aussprache, Bedeutung und Herkunft von fremdsprachigen Wörtern und wissenschaftlichen Fachausdrücke erläutert.

Grundregeln beim Nachschlagen

1. Beachte konsequent das Abc:
   - *lachen* steht vor ***m**achen.*
   - *degr**a**dieren* steht vor *Degr**e**ssion*
2. Bei Fremdwörtern gibt es oft mehrere Bedeutungen. Um die richtige Bedeutung herauszufinden, mache die Ersatzprobe: Setze die angegebenen Bedeutungen im Text an die Stelle des Fremdwortes. Wähle die Bedeutung aus, die im Textzusammenhang sinnvoll ist.
3. Manche Wörter findet man nicht auf Anhieb im Wörterbuch, weil sie im Text in veränderter Form vorkommen. Gehe dann so vor:
   - Bilde von Verben die Grundform (den Infinitiv): *las* → *lesen.*
   - Bilde bei Nomen die Einzahlform (Singular): *Lexika* → *Lexikon.*
   - Schlage bei zusammengesetzten Wörtern erst unter dem ersten Wortteil nach. Wenn dort die Wortzusammensetzung nicht zu finden ist, musst du auch das zweite Wortteil nachschlagen:
     Reflexionsprozess: → *Reflexion* → *Prozess.*

1.10 Inhalte zusammenfassen

Im Unterricht und in Prüfungen wird von dir verlangt, dass du Texte zusammenfasst. In einer Inhaltsangabe bzw. Zusammenfassung teilst du jemanden, der den Text nicht kennt, die wesentlichen Inhalte mit.

Einen Text in sechs Schritten zusammenfassen

1. Schritt: Text lesen	• Lies den Text genau durch. Benutze dabei die 6-Schritt-Lesemethode.
2. Schritt: Notizen erstellen	• Notiere die wichtigsten Inhalte für deine Zusammenfassung auf einem Notizzettel, als Cluster oder Mindmap.
3. Schritt: Einleitung schreiben	• Nenne in deiner Einleitung den Autor, Titel, Textsorte und Erscheinungsort des Textes. Weise auf das Thema hin.
4. Schritt: Hauptteil schreiben	• Informiere knapp über die wesentlichen Inhalte des Textes. Verzichte auf Einzelheiten, wenn sie nicht zum Verständnis des Textes erforderlich sind. • Schreibe sachlich. Vermeide erzählerische Mittel und Formulierungen, die deinen Text spannend machen. • Schreibe die Inhaltsangabe im Präsens. • Schreibe direkte Rede in indirekte Rede um. Verwende dabei den Konjunktiv oder dass-Sätze. • Wandle die Ich-Form in die Er-Form um. • Setze Zitate in Anführungszeichen. Wenn du etwas auslässt, mache das durch Auslassungszeichen (...) kenntlich. Nenne die Zeile nach dem Zitat in Klammern (*Z. 25*).
5. Schritt: Schluss und Deutung schreiben	• Manchmal ist sinnvoll, dass du deine Ansicht von dem Ausgangstext mitteilst. Schreibe dann eine kurze begründete Deutung des Textes.
6. Schritt: Die Zusammenfassung kontrollieren	• Vergleiche, welche Informationen du in dem Ausgangstext gefunden und welche du in deiner Zusammenfassung verwendet hast. • Erfährt der Leser deines Textes alles Wichtige? • Enthält deine Inhaltsangabe wichtige Lücken? • Werden die wesentlichen Zusammenhänge deutlich? • Ist deine Inhaltsangabe logisch aufgebaut?

2 Fachbegriffe: Literatur

Zur Literatur gehören Texte, deren Inhalt zum größten Teil erfunden ist. Daher bezeichnet man sie als fiktionale Texte (fiktional = erdacht). Literarische Texte werden in drei Hauptgattungen unterteilt: Epik (erzählende Literatur), Lyrik (Gedichte) und Drama (Theaterstücke).

2.1 Fachbegriffe zur Epik

Die epische Literatur wird von einem Erzähler vorgetragen. In der Epik werden verschiedene Formen (Textsorten) unterschieden, die dir im Folgenden vorgestellt werden.

Epische Formen

Epos

Das Epos (griechisch für Wort, Ausspruch, Erzählung) ist die älteste erzählerische Großform. Von ihm erhält die Epik ihren Namen. Ein Epos schildert oft die Geschichte eines Helden. Die dargestellte Welt und die in die Handlungen eingreifenden Götter werden nicht hinterfragt. Erst im Mittelalter stellen die epischen Dichter die Welt und Götter kritischer dar. Epen sind in Versen geschrieben.
Bekannte Epen sind: „Gilgamesch-Epos“ (ca. 3. Jahrtausend vor Chr.), „Odyssee“ und „Ilias“ von Homer (ca. 7. Jahrhundert vor Chr.), „Nibelungenlied“ (um 1200 nach Chr.), „Göttliche Komödie“ von Dante Alighieri (1256–1321), „Messias“ von Friedrich Gottlieb Klopstock (1724–1803).

Roman

Der Roman ist eine moderne Erzählform, die unterschiedlich umgesetzt werden kann. Romantypen werden unterschieden nach Themen, beispielsweise Kriminalroman, Liebesroman, Familienroman, Gesellschaftsroman, Entwicklungsroman, Fantasyroman. Eine andere Unterscheidung orientiert sich an den Adressaten, für die die Romane geschrieben werden: Kinder- und Jugendroman, Frauenroman usw. Gemeinsam ist den Romanen, dass in ihnen ausführlich die problematische Situation eines Einzelnen geschildert wird: wie er in seiner Umgebung und mit seinen Mitmenschen lebt, sich verändert und entwickelt. Im Unterschied zum Epos kann der Erzähler seiner geschilderten Wirklichkeit und seinen Figuren kritisch gegenüberstehen. Romane werden in Prosa geschrieben und umfassen zwischen 100 und mehreren tausend Seiten.

Bekannte Romane sind: „Die Leiden des jungen Werther" von Johar von Goethe (1749–1832), „Homo Faber" von Max Frisch (1911–, Versprechen" von Friedrich Dürrenmatt (1921–1990), „Herr der Ringe" v. Ronald Reuel Tolkien (1892–1973), „Harry Potter und der Stein der Weisen" . Joanne K. Rowling (geb. 1965).

Erzählung

Die Erzählung ist keine bestimmte epische Form, sondern ein Sammelbegriff für verschiedene epische Texte. Von einer Erzählung spricht man auch, wenn ein Text nicht genau einer Form zugeordnet werden kann.

Novelle

Novelle (vom lateinischen novus = neu) bedeutet eigentlich kleine Neuigkeit. Die Novelle ist kurz (bis zu ca. 100 Seiten) und erzählt von einer bisher „unerhörten Begebenheit" (Goethe), einem Ereignis mit zentralem Konflikt. Oft wird ohne kommentierende Einmischung des Erzählers die Handlung straff und realistisch auf ein Ziel hin erzählt. Novellen haben oft ein geschlossenes Ende. Sie waren besonders im 19. Jahrhundert beliebt.
Einige berühmte Novellen sind: „Aus dem Leben eines Taugenichts" von Joseph von Eichendorff (1788–1857), „Die Judenbuche" von Annette von Droste-Hülshoff (1797–1848), „Kleider machen Leute" von Gottfried Keller (1819–1890), „Der Schimmelreiter" von Theodor Storm (1817–1888), „Wir sind Utopia" von Stefan Andres (1906–1970).

Kurzgeschichte

Kurzgeschichten, der Begriff ist eine Übersetzung des amerikanischen short story, werden in Deutschland erst nach 1945 geschrieben. Die Kürze der Kurzgeschichten betrifft nicht nur den Umfang der Texte von wenigen Sätzen bis zu einigen Seiten, sondern oft auch den Satzbau, die Beschreibung der Personen, Orte und Gedanken. Typische Merkmale für Kurzgeschichten sind:

- Der Anfang ist unvermittelt, der Leser wird unmittelbar in das Geschehen hineingeführt.
- Der Schluss ist offen und soll zum Weiterdenken anregen.
- Inhaltlich wird dem Leser in einer Momentaufnahme ein entscheidendes Erlebnis im Leben eines oder mehrerer Menschen vorgeführt.
- Die Handlung ist auf das Wesentliche beschränkt.
- Stoffe, Personen und Motive, aber auch die Sprachform werden oft dem Alltagsleben entnommen.
- Häufig findet man folgende stilistische Merkmale: Wiederholu lungen, kurze aufeinanderfolgende Sätze, unvollständige Sätze

Nicht immer treffen auf eine Kurzgeschichte alle Merkmale zu.

Einige bekannte Kurzgeschichten sind: „Schnee am Kilimandscharo“ von Ernest Hemingway (1899-1961), „Die Küchenuhr“ von Wolfgang Borchert (1921-1947), „Ein Freund der Regierung“ von Siegfried Lenz (geb. 1927), „Blitzeis“ von Peter Stamm (geb. 1963), „Sommerhaus, später“ von Judith Hermann (geb. 1970).

Märchen

Märchen erzählen fantastische Ereignisse. Typische Merkmale des Märchens:

- Die Handlung spielt an einem unbestimmten Ort zu einer unbestimmten Zeit.
- Meistens werden im Märchen die Helden Prüfungen ausgesetzt, die sie aber mithilfe von Zauberei und guten Mächten bestehen.
- Am Ende siegt stets das Gute.
- Typisch für Märchen sind die vielen Gegensätze der handelnden Personen: groß – klein, gut – böse, treu – falsch, klug – dumm, glänzend – schmutzig ...
- Zahlen und ihre Symbole spielen eine große Rolle (drei Wünsche, sieben Zwerge ...)
- Die Sprache ist einfach.

Es gibt zwei Märchentypen: Volksmärchen werden mündlich weitererzählt und haben keinen bekannten Autor. Sie werden von Märchensammlern wie den Brüdern Jacob und Wilhelm Grimm aufgeschrieben.
Kunstmärchen werden von einem Dichter, z. B. von Hans-Christian Andersen oder Wilhelm Hauff, erfunden und geschrieben.

Sage

Wie das Märchen ist die auch Sage eine volkstümliche und oft wundersame, fantastische Erzählung. Häufig sind es Erklärungsversuche für Geschehnisse, die man sich früher nicht erklären konnte, z. B. eine Felsengestalt. Typische Merkmale der Sage:

- Die Sage knüpft an reale Personen, Orte und Zeitangaben an.
- Magische Kräfte und Wesen (Riesen, Teufel) spielen eine große Rolle.
- Die Sprache der Sage ist einfach.

Parabel

Die Parabel ist eine kurze lehrreiche Erzählung, in der allgemeine Erkenntnisse und Lebensweisheiten durch einen Vergleich veranschaulicht werden.

Fabel

Mit Fabel bezeichnet man eine zumeist kurze Erzählung, in der Tiere oder Pflanzen wie Menschen sprechen und handeln und über menschliche Charaktereigenschaften verfügen. An diesem Beispiel wird eine Lehre vermittelt oder Kritik geübt, die auf menschliches Verhalten übertragen werden soll. Typische Merkmale der Fabel:

- Häufig stehen sich zwei Tiere mit gegensätzlichen Eigenschaften gegenüber.
- Oft wird die Handlung nach einer kurzen Einführung in Rede und Gegenrede fortgeführt.
- Meist endet die Fabel mit einem überraschenden Schluss.
- In vielen Fabeln steht am Anfang oder am Ende in einem eigenen Satz die „Moral“, d. h. die Lehre, die man ziehen soll.

Anekdote

In einer Anekdote wird eine kurze, oft unterhaltsame und zum Nachdenken anregende Geschichte über ein interessantes Ereignis oder eine besondere Eigenschaft eines oft bekannten Menschen erzählt. Viele Anekdoten haben einen wahren Kern, der aber ausgeschmückt wird. Typisch für die Anekdote ist die Pointe, der Witz am Ende der Geschichte.

Satire

Satiren sind verspottende Kritiken menschlicher Schwächen, politischer und gesellschaftlicher Missstände. Es wird der Widerspruch zwischen der Wirklichkeit und dem Ideal, wie es sein sollte, deutlich gemacht. Satiriker verwenden dabei gerne die Mittel der Ironie, der Über- oder Untertreibung und der Umkehrung der Verhältnisse. Satirische Texte wurden zu jeder Zeit geschrieben. Bekannte Satiren sind: „Ratschläge für einen guten Redner“ von Kurt Tucholsky (1890 – 1935), „Entwicklung der Menschheit“ von Erich Kästner (1899 – 1974), „Auf dem Supermarkt“ von Ephraim Kishon (1924 – 2005).
Satiren gibt es in Form von Erzählungen, Gedichten, Theaterstücken und Karikaturen.

Parodie

Von einer Parodie spricht man, wenn eine Textvorlage, bestimmte Textmerkmale oder eine Literaturform in satirischer Absicht verändert oder nachgeahmt werden. Besonders beliebt sind Märchen, beispielsweise „Das Märchen vom bösen Hansel, der bösen Gretel und der Hexe“ von Paul Maar (geb. 1937) oder „Ensel und Krete“ von Walter Moers (geb. 1957).

Merkmale erzählender Texte

Geschichten werden erzählt. Typisch für erzählende Texte sind Motive, im Text wiederkehrende Themen, die ausgestaltet werden. Motive beziehen sich auf Personentypen (Einzelgänger, Hexe), Orte (Burg, Ruine), übergeordnete Bereiche (Wettlauf mit der Zeit, Liebe).
Hinter jedem erzählten Text steckt ein Erzähler. Der Erzähler wurde vom Autor erfunden, er darf nicht mit dem Autor verwechselt werden.
Der Erzähler kann den Gang der Erzählung unterbrechen durch Rückverweise, das sind Einschübe, die vor der Zeit der eigentlichen Handlung spielen, und Vorausdeutungen, das sind Hinweise auf das, was nach der Zeit der eigentlichen Handlung passiert.

Die Erzählperspektive

Auf welche Art und Weise ein Erzähler in einer Erzählung in Erscheinung tritt – ob direkt oder indirekt – hängt von der Erzählperspektive ab. Grundsätzlich wird unterschieden zwischen der Ich-Erzählperspektive, die von einem Ich-Erzähler wiedergegeben wird, und der Er-/Sie-Perspektive, die ein auktorialer, neutraler oder personaler Erzähler einnehmen können.

Ich-Erzähler

Der Ich-Erzähler erzählt in der 1. Person Singular. Der Erzähler erlebt das Geschehen als unmittelbar Beteiligter und er sieht alles aus seiner begrenzten Sicht. In die Köpfe der anderen Personen kann er nicht hineinsehen. Beispiel: *Ich fuhr mit dem Fahrrad zum Training. Auf dem Sportplatz war niemand. Das ärgerte mich sehr, weil ich nicht gerne allein dort bin.*

Auktorialer Erzähler

Der auktoriale Erzähler (von lateinisch auctor = Urheber, Verfasser) ist ein allwissender, das gesamte Geschehen überschauender Erzähler. Wie von einer Wolke herabschauend steht er über den erzählten Geschehnissen und auch außerhalb des Erzählten. Aber er kann sich auch in seine Figuren hineinversetzen und ihre Gedanken und Gefühle beschreiben. Der allwissende Erzähler kommentiert und bewertet die Ereignisse, er kann Zukünftiges andeuten, zurückblicken und Hintergründe erklären. Beispiel: *Christoph fuhr mit dem Fahrrad zum Training. Auf dem Sportplatz war niemand. Was ist denn nun los, dachte er. Sein Trainer verspätete sich, da er länger arbeiten musste. Er hatte vergessen, Christoph anzurufen. Aber Christoph sollte nicht lange allein sein.*

Neutraler Erzähler

Wie der auktoriale Erzähler schildert der neutrale Erzähler die Geschehnisse von außen. Allerdings beschränkt er sich auf die reine Wiedergabe der Handlung und gibt keine Kommentare oder Erklärungen ab. Beispiel: *Christoph fuhr mit dem Fahrrad zum Training. Auf dem Sportplatz war niemand. „Wo seid ihr?", rief Christoph. Er stellte sein Fahrrad ab und setzte sich auf eine Bank.*

Personaler Erzähler

Der personale Erzähler erzählt das Geschehen aus der Sicht einer Figur (oder auch mehrerer Figuren). Der Erzähler kennt nur die Gefühle und Gedanken seiner Figur. Es kann vorkommen, dass der Erzähler das Geschehen aus der Sicht seiner Figur kommentiert. Beispiel: *Christoph fuhr mit dem Fahrrad zum Training. Auf dem Sportplatz war niemand. Das ärgerte ihn sehr, denn er war nicht gerne allein auf dem Sportplatz allein. Er stellte sein Fahrrad ab und setzte sich fluchend auf eine Bank.*

Überblick zu den Erzählperspektiven

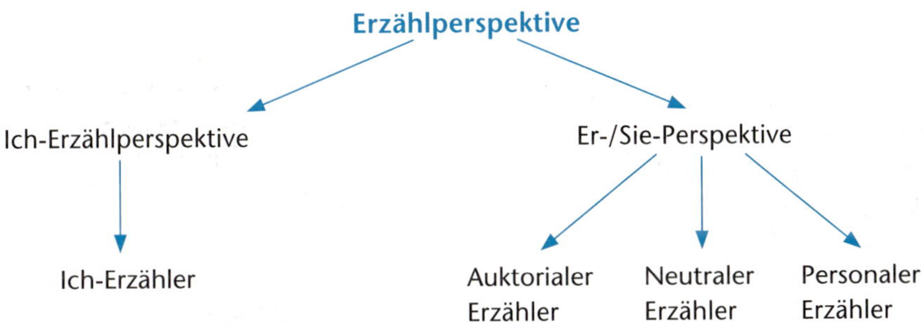

Die Zeitverhältnisse

Die Zeitverhältnisse und die Redeformen stellen die erzählerischen Mittel dar, mit denen der Autor eine Erzählung lebendig und interessant gestaltet.
Der Autor entscheidet, wie der Erzähler die Zeitverhältnisse des erzählten Geschehens gestaltet. Durch die Wahl der Zeitverhältnisse werden bestimmte Ereignisse hervorgehoben oder vernachlässigt.

Erzählzeit

Die Erzählzeit ist der Zeitraum, den man benötigt, um einen Text zu lesen bzw. die der Erzähler braucht, um seine Erzählung vorzutragen.

Erzählte Zeit

Die erzählte Zeit umfasst alle Zeiträume, von denen erzählt wird, also die Zeit, in der sich das erzählte Geschehen abspielt.
Beim zeitdeckenden Erzählen stimmen Erzählzeit und erzählte Zeit überein. Oft wird aber in einer Erzählung die Zeit gerafft oder gedehnt.

Zeitraffung

Der Erzähler fasst Zeitabschnitte kurz zusammen, die in Wirklichkeit lange Zeit gedauert haben. Er kann auch Geschehnisse nur andeuten oder überspringen.
Beispiel: *Der Trainer ließ das Team fünfmal um den Platz laufen. Nach dem Dauerlauf fiel Christoph erschöpft auf den Rasen.*
Erzählzeit ca. 5 Sekunden, erzählte Zeit ca. 15 Minuten.

Zeitdehnung

Der Erzähler dehnt Ereignisse aus, die sich in Wirklichkeit in kurzer Zeit abspielen. Er schildert dann die Ereignisse, Hintergründe oder Orte sehr ausführlich. Er kann auch die Handlung mit Rückverweisen und Vorausdeutungen oder mit Erzählerkommentaren und Reflexionen verzögern. Beispiel: *Christoph stand auf der Linie. Dort stand er fast immer, denn er war ja der Torwart. Thomas legte den Ball auf den Elfmeterpunkt. Er lief an und schoss aufs Tor. Wie so oft täuschte er eine Ecke an, um dann in die andere zu schießen. Christoph hechtete in die linke Ecke. Mit voller Kraft sprang er ab. Seine Stollen lösten sich schmatzend vom sumpfigen, durch den Regen tiefen Boden. Er sah, wie sein linker Arm immer länger und länger wurde. Jeden Moment würde er mit dem Ellenbogen auf die Linie prallen. Gleichzeitig versuchte er den Ball mit den Augen zu fixieren und zu fangen. Doch vergeblich. Der Ball kullerte in die rechte Ecke.*
Erzählzeit ca. 30 Sekunden, erzählte Zeit ca. 5 Sekunden.

Die Redeformen

Durch die jeweiligen Redeformen charakterisiert ein Autor seinen erzählenden Text. Er kann durch die Wahl der Redeform Nähe und Distanz zu seinen Figuren ausdrücken, aber auch die Handlung zusammenfassen oder ausführlicher darstellen.

Direkte Rede

Äußerungen und Gedanken werden in wörtlicher Rede wiedergegeben. Der Leser ist dadurch nah am Geschehen, wie bei einer Live-Reportage. Beispiel: *Christoph sagte: „Wo bleibt ihr denn? Ich warte schon seit einer halben Stunde." „Hat man dir nicht Bescheid gesagt?"*

Indirekte Rede

Die Äußerungen und Gedanken werden vom Erzähler in eigenen Worten meistens im Konjunktiv wiedergegeben. Der Erzähler schafft so eine Distanz zum Geschehen. Beispiel: *Als Thomas auf dem Sportplatz erschien, fragte Christoph ihn, wo sie denn alle blieben.*

Gedankenrede / Innerer Monolog

Der Erzähler gibt die Gedanken und Gefühle der Figuren in der Ich-Form meistens im Präsens wieder. Der Leser schaut der Person beim Denken zu. Beispiel: *Christoph stand auf dem leeren Platz. Ob die anderen noch zum Training kommen? Wie lange soll ich noch warten?*

Erlebte Rede

Der Erzähler gibt die Gedanken und Gefühle der Figuren in der 3. Person meistens im Präteritum wieder. Der Leser erfährt zwar die Gedanken der Person, ist aber nicht so nah dran wie beim inneren Monolog. Beispiel: *Der Trainer fuhr heute später zum Sportplatz. Hatte er alle angerufen? Er glaubte nicht, dass er jemanden vergessen hatte.*

Gedankenbericht

Der Erzähler gibt mit eigenen Worten wieder, was die Figuren denken. Die Gedanken können so zusammengefasst werden. Beispiel: *Christoph überlegte, wie lange er noch warten sollte. Um seinen Ärger zu vertreiben, beschloss er, sich schon mal warm zu laufen.*

Redebericht

Der Erzähler gibt in allgemeiner Form inhaltlich wieder, worüber die Figuren sprechen oder gesprochen haben. Dialoge können so zusammengefasst werden. Beispiel: *Christoph und Thomas redeten über die Gründe der Verschiebung des Trainingsbeginns.*

2.2 Fachbegriffe zur Lyrik

Einige Gedichtformen

In der Gattung Lyrik gibt es zahlreiche Formen. Im Folgenden wird dir eine Auswahl genannt:

Ballade

Das Besondere an der Ballade ist, dass in ihr die drei literarischen Gattungsmerkmale vereint sind. Die Ballade ist ein Erzählgedicht (= Epik), das über ein dramatisches Ereignis mit Dialogen (= Drama) in Versform (= Lyrik) erzählt. Oft sind schicksalhafte Begegnungen mit bedrohlichen Mächten Thema einer Ballade. Berühmte Balladen sind „Die Bürgschaft" von Friedrich Schiller (1759-1805), „John Maynard" von Theodor Fontane (1819-1898), „Ballade vom Nachahmungstrieb" von Erich Kästner (1899-1974).

Elfchen

Das Elfchen hat einen strengen Aufbau. Es umfasst fünf Verse. Die Verse bestehen jeweils aus: einem Wort, zwei Wörtern, drei Wörtern, vier Wörtern und wieder einem Wort. Zusammen sind das elf Wörter. Mit diesen kann man einen Augenblick oder eine Beobachtung festhalten.

Regen
Überall Pfützen
Zwei nasse Socken
Wieder im warmen Zimmer
Erkältung

Haiku

Das Haiku ist eine japanische kurze Gedichtform mit strengem Aufbau. Es besteht aus drei Versen (5 Silben, 7 Silben, 5 Silben). Meistens wird eine alltägliche Beobachtung oder ein bestimmter Augenblick wiedergegeben.

Kaffee im Becher
kalt bitter abgestanden
fort – schnell weg damit

Konkrete Poesie

Bei der konkreten Poesie wird oft mit den Klängen der Sprache oder mit der Form und Anordnung der Buchstaben gespielt und experimentiert. Die Sprache wird dabei als konkretes Material verwendet.

DURCHEINANDER
Hans-Jürgen Lenhart
Alles durcheinander bringen
verstellen Buchstaben die
edi Torte verwauschen
zeSät wärtsruck benschreiauf
neztesmu nebliS eiD

Lied

Gedichte werden oft zu Liedern gesungen. Viele Lieder haben einen Refrain. Das Radio liefert dir täglich Beispiele für Lieder und Songs.

Sonett

Das Sonett ist eine besonders leicht zu erkennende Gedichtform, weil es immer vier Strophen mit insgesamt 14 Versen (4+4+3+3) und oft das Reimschema (abba abba cdc dcd) hat. Diese Gedichtform ist zur Zeit der Renaissance (14.-16. Jahrhundert) in Italien entstanden und wurde in Deutschland vor allem im Barock (17. Jahrhundert) von Opitz, Gryphius, Hofmannswaldau gepflegt. Aber auch im 20. Jahrhundert griffen viele Dichter auf die Form des Sonetts zurück.

Berlin I (1911)

Georg Heym

Der hohe Straßenrand, auf dem wir lagen,
War weiß von Staub. Wir sahen in der Enge
Unzählig: Menschenströme und Gedränge,
Und sahn die Weltstadt fern im Abend ragen.

Die vollen Kremser* fuhren durch die Menge,
Papierne Fähnchen waren drangeschlagen.
Die Omnibusse, voll Verdeck und Wagen.
Automobile, Rauch und Hupenklänge.

Dem Riesensteinmeer zu. Doch westlich sahn
Wir an der langen Straße Baum an Baum,
Der blätterlosen Kronen Filigran**.

Der Sonnenball hing groß am Himmelssaum
Und rote Strahlen schoss des Abends Bahn.
Auf allen Köpfen lag des Lichtes Traum.

*vielsitzige Mietskutsche
** sehr feine Goldschmiedearbeit

Merkmale lyrischer Texte

Gedichte unterscheiden sich schon auf dem ersten Blick von erzählenden Texten. Sie sind in Verse und oft in Strophen verfasst. Viele lyrische Texte reimen sich. Im Folgenden werden dir einige wichtige lyrische Merkmale erläutert.

Vers

Der Vers ist die Zeile einer Strophe bzw. eines Gedichts.

Strophe

Die Strophe besteht aus mehreren zusammenhängenden Versen, vergleichbar mit dem Absatz im Prosatext. Strophen werden durch eine Leerzeile voneinander getrennt.

Metrum

Die Folge der betonten und unbetonten Silben in den Wörtern der Verse kann man einem Metrum zuordnen. Die wichtigsten Metren oder Versfüße im Deutschen sind:

Jambus	unbetont betont	x x́
Trochäus	betont unbetont	x́ x
Daktylus	betont unbetont unbetont	x́ x x

Wenn in einem Vers immer dasselbe Metrum benutzt wird, spricht man vom Versmaß. Entsprechend der Länge der Verszeile kann das Versmaß aus zwei, drei, vier, fünf oder sechs betonten Silben bestehen. Man nennt dies zwei-, drei-, vier-, fünf- oder sechshebiges Versmaß. Beispiele sind:

Vierhebiger Jambus:

x x́ x x́ x x́ x x́ x
Es schlug mein Herz, geschwind zu Pferde!
x x́ x x́ x x́ x x́
Es war getan fast eh gedacht;
(J. W. v. Goethe: Willkommen und Abschied)

Ein Jambus wirkt oft belebend, frisch, dynamisch, beweglich, glatt, weich.

Vierhebiger Trochäus:

x́ x x́ x x́ x x́ x
Fest gemauert in der Erden
x́ x x́ x x́ x x́
Steht die Form, aus Lehm gebrannt.
(Fr. Schiller: Das Lied von der Glocke)

Ein Trochäus wirkt oft fest, gefasst, gemäßigt, aber auch pochend, nachdrücklich, spröde, hart

Vierhebiger Daktylus:

x́ x x x́ x x x́ x x x́ x x
Auf Kieseln im Bache da lieg ich, wie helle!
x́ x x x́ x x x́ x x x́ x x
Verbreite die Arme der kommenden Welle
(J. W. v. Goethe: Wechsel)

Der Daktylus bringt oft Bewegung und Schwung in die Verse, er kann beispielsweise Pferdegetrappel oder einen Tanz im Dreivierteltakt imitieren.

Rhythmus

Einem Vers liegt oft ein Metrum als festes Muster zugrunde. Wenn man ein Gedicht nach diesem Metrum betont, leiert man oft beim Vortrag. Durch Betonung, Pause, Tempo, Stimmhöhe oder Stimmtiefe erreicht man eine rhythmische Klangwirkung, die das eintönige Muster des Metrums überwindet.

Reim

Ein Reim entsteht durch gleich klingende Versenden. Wenn ein Vers mit einer betonten Silbe endet, spricht man von einem stumpfen Reim oder männlichen Reim. Das Versende klingt oft abgehackt:

x́ x x́ x x́ x x́
Aber wie des Sternes Pracht
x́ x x́ x x́ x x́
Ist es nur ein Schein der Nacht
(Fr. Schiller: An Emma)

Wenn ein Vers auf einem unbetonten Vers endet spricht man von einem klingenden Reim oder weiblichen Reim. Das Versende klingt oft weich und fließend.

x́ x x́ x x́ x x́ x
An besonders schönen Tagen
x́ x x́ x x́ x x́ x
Ist der Himmel sozusagen
(E. Kästner: Im Auto über Land)

Unreiner Reim

Ein unreiner Reim entsteht, wenn beim Gleichklang am Versende Laute nicht identisch sind (Tier – dafür).

Reimformen

In Gedichten findest du verschiedene Reimformen (Reimschemata). Die häufigsten sind Paarreim, Kreuzreim und umarmender Reim.

Wenn ich in deine Augen seh

Heinrich Heine

Wenn ich in deine Augen seh,	a	Paarreim
So schwindet all mein Leid und Weh;	a	
Doch wenn ich küsse deinen Mund,	b	
So werd ich ganz und gar gesund.	b	
Wenn ich in deine Augen seh,	a	Kreuzreim
So werd ich ganz und gar gesund.	b	
So schwindet all mein Leid und Weh;	a	
Doch wenn ich küsse deinen Mund ...	b	
Wenn ich in deine Augen seh,	a	Umarmender Reim
So werd ich ganz und gar gesund.	b	
Doch wenn ich küsse deinen Mund,	b	
So schwindet all mein Leid und Weh.	a	

Zeilensprung

Beim Zeilensprung fallen das Satzende und das Versende nicht zusammen. Man darf daher beim Vortrag auch am Versende nicht die Stimme heben.

Und alle die Männer umher und Frauen
Auf den herrlichen Jüngling verwundert schauen.
(F. Schiller: Der Taucher)

Lyrisches Ich

Das lyrische Ich oder der lyrische Sprecher ist eine Figur im Gedicht, die zwar „ich" sagt, aber nicht mit dem Verfasser des Gedichtes (Autor) gleichgesetzt werden darf. Der lyrische Sprecher sagt oft etwas über sich und seine Gefühle (Glück, Liebe, Trauer, Zorn, Mitgefühl), sein Verhältnis zur Natur und zu anderen Menschen aus.

2.3 Fachbegriffe zum Drama

Merkmale dramatischer Texte

Drama

Das griechische Wort Drama bedeutet übersetzt Handlung. Die Geschichte bzw. der Konflikt eines Dramas wird als Handlung auf einer Bühne durch Gespräche und Aktionen vorgeführt. Ein Drama ist in der Form des Dialogs (Gespräch zwischen zwei oder mehr Personen) geschrieben, die Gedanken werden in Monologen (Gespräch mit sich selbst) vorgetragen. Zusätzlich werden noch Regieanweisungen für die Schauspieler und das Bühnenbild angegeben.
Ein Drama richtet sich nicht an einen Leser oder Zuhörer, sondern an einen Zuschauer.

Akt

Dramen werden oft in mehrere Akte unterteilt. Der Akt oder auch Aufzug gliedert die Handlung des Dramas. Ein Drama wird oft in drei oder fünf Akte eingeteilt. Am Schluss eines Akts erfolgt meist ein spannender Höhepunkt, der das Interesse auf den nächsten Akt wecken soll. Manchmal wird in der Pause zwischen den Akten das Bühnenbild verändert.

Vielen Dramen liegt dieser Aufbau zu Grunde:
1. Akt = Einleitung: Die Personen werden vorgestellt.
2. Akt = Die Handlung kommt in Gang: Es entstehen Konflikte bzw. die Konflikte werden deutlich.
3. Akt = Höhepunkt der Konflikte: Das Schicksal des Helden entscheidet sich.
4. Akt = Verzögerung: Der Held wehrt sich gegen sein Schicksal oder eine Handlung, ein Geschehen verzögern das Ende.
5. Akt = Katastrophe bzw. Lösung des Spannungskonfliktes: Der Held ist siegreich oder er geht unter.

Szene

Ein Akt ist oftmals in mehrere Szenen unterteilt. Meistens werden Anfang und Ende einer Szene durch den Zugang oder Abgang von Personen bestimmt. Die Szene umfasst einen Zeitraum, während dem sich dieselben Personen auf der Bühne befinden.

Dramatische Formen

Klassisches Drama (aristotelisches Drama)

Die Regeln für ein klassisches Drama stellte der griechische Philosoph Aristoteles (384 – 322 v. Chr.) auf. Wichtig sind die Einheit des Ortes (es finden keine größeren Ortswechsel statt), die Einheit der Zeit (die gespielte Zeit ist weitestgehend gleich mit der Spielzeit) und die Einheit der Handlung (die Handlung wird gradlinig dargestellt). Durch diese Regeln sollte der Zuschauer mitfühlen und dadurch geläutert werden. In modernen, nicht aristotelischen Dramen werden diese Regeln oft gebrochen. Viele Tragödien und Komödien sind klassische Dramen.

Tragödie

In der Tragödie ist der Held einem übermächtigen Schicksal oder einem unausweichlichen Konflikt ausgeliefert. Die Tragödie endet für den Helden in einer Katastrophe.
Bekannte Tragödien sind: „Romeo und Julia" von William Shakespeare (1564 – 1616), „Emilia Galotti" von Gotthold Ephraim Lessing (1729 – 1789), „Faust" von Johann Wolfgang von Goethe (1749 – 1832).

Komödie

In einer Komödie geraten die Personen durch menschliche Schwächen in einen Konflikt, der jedoch glücklich gelöst werden kann. Das Lustspiel ist zudem gekennzeichnet durch Komik.
Bekannte Komödien sind: „Ein Sommernachtstraum" von William Shakespeare (1564 – 1616), „Der zerbrochene Krug" von Heinrich von Kleist (1777 – 1811), „Der Hauptmann von Köpenick" von Carl Zuckmayer (1896 – 1977).

Tragikomödie

In der Tragikomödie werden tragische und komödienhafte Elemente miteinander verschmolzen. Moderne Stücke werden wegen der Überzeichnung dieser Verbindung auch als Groteske bezeichnet.
Bekannte Tragikomödien sind „Leonce und Lena" von Georg Büchner (1813 – 1837), „Die Physiker" und „Der Besuch der alten Dame" von Friedrich Dürrenmatt (1921 – 1990).

Episches Theater

Das von Bertolt Brecht konzipierte epische Theater versteht sich als eine Alternative zum klassischen Theater. Der Zuschauer soll aus seiner passiven Haltung gerissen werden. Dazu soll er nicht mit den Personen auf der Bühne mitfühlen, sondern das Geschehen distanziert betrachten und über das Dargestellte nachdenken. Der Zuschauer soll so zu einer kritischen Haltung gelangen. Diese Haltung wird durch Verfremdungseffekte (V-Effekt) erzielt. Zu den V-Effekten zählen

beispielsweise die Unterbrechung des Stücks durch Songs oder ein karges Bühnenbild. Die Szenen des Stückes stehen oft für sich, das Schauspiel steuert nicht mehr direkt auf einen Höhepunkt, eine Katastrophe oder Lösung zu.
Bekannte Werke sind: „Herr Puntila und sein Knecht Matti", „Mutter Courage und ihre Kinder" von Bertolt Brecht (1898 – 1956), „Andorra" von Max Frisch (1911 – 1990).

Dokumentartheater

Beim Dokumentartheater werden die Bühnentexte aus realen Fakten und Dokumenten zusammengestellt. An dem originalen Wortlaut der Dokumente wird in der Regel nichts geändert oder zugefügt. An die Stelle einer fiktiven Geschichte tritt der geschichtlich vorgegebene Geschehensablauf.
Bekannte Werke sind: „Die Ermittlung" von Peter Weiss (1916 – 1982), „Der Stellvertreter" von Rolf Hochhuth (geb. 1931).

Absurdes Theater

Absurd ist etwas, was nicht mit der Erfahrung, der Erwartung und der Wirklichkeit übereinstimmt. Bezogen auf den Menschen bedeutet dies, dass sein Leben sinnlos ist. Im absurden Theater werden die Sinnlosigkeit des Lebens und der eigenen Identität auf die Bühne gebracht. Die Handlung wird auf ein Minimum reduziert, wegen des Absurden ist weder eine tragische noch eine komische Lösung des Stückes möglich. Stattdessen herrscht Ratlosigkeit.
Bekannte Stücke sind „Warten auf Godot" von Samuel Beckett (1906 – 1989), „Die Nashörner" von Eugène Ionesco (1909 – 1994).

Sketch

Ein Sketch ist eine überschaubare, kurze dramatische Szene mit meist witziger und überraschender Pointe. Berühmt sind beispielsweise die Sketche von Karl Valentin und Bully Herbig.

3 Fachbegriffe: Sachtexte

3.1 Formen der Sachtexte

Gebrauchs- und Sachtexte beziehen sich auf einen wirklichen Gegenstand oder realen Sachverhalt. Man nennt sie deshalb auch nicht fiktionale Texte. Sie werden mit einer bestimmten Absicht (Intention) in einer meistens sachlichen Sprache geschrieben. Sach- und Gebrauchstexte begegnen dir im Alltag, in der Schule und später im Beruf.

Sachtexte kannst du aufgrund ihrer Gestaltung unterscheiden. Zum einen findest du lineare Texte. Die linearen Texte werden als zusammenhängender Fließtext gedruckt, der nur durch Absätze oder Kapitel unterbrochen wird. Zu den linearen Texten gehören beispielsweise Sachbücher, Zeitungsberichte, Lexikonartikel, Aufsätze, Protokolle, Gesetze, Briefe …

Zum anderen begegnest du nicht linearen Texten. Das sind Grafiken, Fahrpläne, Diagramme, Tabellen, Statistiken …

Sachtexte kannst du außerdem hinsichtlich ihrer Intention unterscheiden. So wollen darstellende, informierende und instruierende Sachtexte Wissen und Kenntnisse vermitteln. Zu Ihnen gehören beispielsweise Sachbücher, Zeitungsberichte, Berichte, Reportagen, Lexikonartikel, Protokolle, Gebrauchsanweisungen, aber auch Lebensläufe.

Argumentierende und appellative Sachtexte wollen dich von ihrer Meinung überzeugen. Zu ihnen zählen politische Reden, Kommentare, Leserbriefe, Glossen, Werbeanzeigen, Essays, aber auch Bewerbungsschreiben.

Schließlich bist du von zahlreichen regulativen Sachtexten umgeben, die dir ein bestimmtes Verhalten und Handeln vorschreiben. Zu ihnen gehören Gesetzestexte, Schulordnungen, Straßenschilder, Verträge …

3.2 Journalistische Textformen

Viele verschiedene Sachtexte kannst du in Zeitungen und Zeitschriften lesen. Um die jeweiligen Intentionen der journalistischen Textformen (Textsorten) zu erkennen, solltest du sie unterscheiden können.

Nachricht

Unter dem Begriff Nachricht werden die Meldung und der Bericht zusammengefasst. Nachricht ist der umfassende Begriff für eine Sachinformation. Eine Nachricht wird sachlich, nüchtern und wertfrei geschrieben. Sie schildert das Geschehene oder kündigt zukünftige Ereignisse an. Sie steht im Präteritum.

Meldung

Die Meldung ist eine knappe Notiz zu einem Ereignis, eine kurze Nachricht. Eine Meldung enthält in kurzer Form die wichtigsten Informationen. In der Regel werden die sieben W-Fragen beantwortet:

- Was ist passiert?
- Wer ist beteiligt?
- Wann ist es geschehen?
- Wo hat sich das Ereignis zugetragen?
- Wie ist es geschehen?
- Warum ist es passiert?
- Welche Quelle gibt es für die Information?

Bericht

Der Bericht schildert ausführlicher als eine Meldung Tatsachen, Ereignisse und deren Verlauf. Im fettgedruckten Vorspann (Lead) werden die wichtigsten Informationen zusammengefasst. Der Vorspann beantwortet meistens die wichtigsten W-Fragen (Wer? Was? Wann? Wo?), auf die anderen W-Fragen wird danach eingegangen. Der Bericht verzichtet auf die persönliche Meinung des Verfassers, bietet aber Hintergrundinformationen und zeigt Zusammenhänge auf. Der Bericht steht im Präteritum.

Interview

Im Interview wird das Gespräch einer Person oder Personengruppe mit einem Reporter wiedergegeben. Abgedruckt werden die Fragen des Journalisten und die Antworten des Interviewpartners, die den Großteil des Interviews ausmachen. Das Interview wird wortgetreu abgedruckt, allerdings werden umgangssprachliche Ausdrücke, Versprecher, Füllwörter und Pausen nicht übernommen.

Kommentar

In einem Kommentar nimmt ein Redakteur zu wichtigen und aktuellen Nachrichten Stellung. Er ordnet das Ereignis ein, liefert Argumente für seine Sicht und endet mit einer deutlichen Schlussfolgerung. Der Redakteur will zur kritischen Auseinandersetzung mit dem Thema anregen. Nachrichten und Kommentare werden in den Zeitungen getrennt abgedruckt.

Glosse

Eine Glosse ist ein kurzer, unterhaltsamer und kommentierender Text. Sie wird meist aus einem aktuellen Anlass geschrieben. Eine Glosse informiert zum einen über ein Ereignis und macht sich zum anderen auch darüber lustig. Daher finden sich in Glossen häufig ironische Formulierungen, sprachliche Bilder und Wortspiele.

Leserbrief

In einem Leserbrief kann der Leser der Zeitung seine Meinung zu einer Nachricht oder einem Ereignis äußern. In der Regel folgt nach einer kurzen Darstellung des Sachverhalts der Kommentar. Leserbriefe sind wichtig für die öffentliche Meinungsbildung und Diskussion.

Rezension

Eine Rezension ist eine Kritik eines kulturellen Ereignisses, wie die Premiere eines Filmes oder das Erscheinen eines Buches. Der Redakteur fasst den Inhalt des Films oder Buchs kurz zusammen und bewertet ihn nach seiner persönlichen Einschätzung positiv oder negativ.

Reportage

Der Reporter schildert ein Ereignis aus seiner persönlichen Sicht. Er will informieren, zugleich aber das Geschehen möglichst anschaulich beschreiben. Außerdem liefert er weitere Informationen, die Zusammenhänge deutlich machen sollen. Zusätzlich lässt der Reporter die Beteiligten zu Wort kommen, bewertet die Ereignisse, wählt packende und anschauliche Wörter. Der Reporter schildert seine Gefühle, wie Freude oder Ärger, und Sinneseindrücke. Er führt den Leser mitten in das Geschehen hinein. Die Reportage ist eine Mischung aus Bericht mit Hintergrundinformationen und Kommentar.

3.3 Werbetexte

Werbung ist überall. Werbetexte findest du in Zeitschriften, auf Plakaten und Aufrufen. Fast alle Medien sind auf Werbung angewiesen, weil sie sich durch die Einnahmen aus den Werbeverträgen finanzieren.
Werbung hat eindeutige Ziele. Sie will entweder ein bestimmtes Produkt verkaufen, Anhänger für gesellschaftliche Gruppierungen, politische Parteien und Ideen gewinnen oder Menschen zu einem bestimmten Verhalten bewegen. Dabei werden von der Werbung oft Gefühle, Träume, Sehnsüchte angesprochen, die ohne Bezug zu dem Produkt sind. Daher verspricht die Werbung nicht nur ein gutes Auto, Handy, Shampoo, Fernsehprogramm, sondern darüber hinaus auch Freiheit, Abenteuer, Anerkennung, Schönheit, Spannung …
Werbung muss auf sich aufmerksam machen. Wird die Werbung nicht wahrgenommen, verpufft ihre Botschaft. Die Werbung führt nicht zum Ziel. Damit eine Werbung erfolgreich ist, wird oft eine Werbestrategie nach der AIDA-Formel verfolgt:

- A = *Attention* (Aufmerksamkeit)
  Die Werbung muss die Aufmerksamkeit des Betrachters auf sich ziehen. Dieses geschieht durch die Formulierung des Werbetextes und durch eine entsprechende optische Gestaltung mit ausgewählten Fotos, Farben, Bilder, Überschriften.
- I = *Interest* (Interesse)
  Durch die Werbung soll die Neugier und das Interesse an dem Produkt geweckt werden. Dieses geschieht oft durch einen Werbespruch (Slogan), durch eine direkte Ansprache an den Leser, durch rhetorische Fragen oder Ähnliches.
- D = *Desire* (Wunsch)
  Ist erst mal das Interesse an dem Produkt oder der Idee vorhanden, soll der Betrachter den Wunsch verspüren, das Produkt zu besitzen oder etwas gemäß der Werbung zu tun. Es müssen also alle Vorteile des Produkts oder der Idee hervorgehoben und verdeutlicht werden.
- A = *Action* (Handlung)
  Bleibt schließlich noch der Kauf oder die Annahme der Idee. Wenn diese abschließende Handlung des Betrachters nicht geschieht, ist die Werbung erfolglos. Deshalb ruft die Werbung immer dazu auf, im Sinne der Werbung zu handeln.

Wenn du eine Werbung analysierst, orientiere dich an der Sachtextanalyse und an der Umsetzung der AIDA-Formel in der Werbung.

4 Fachbegriffe: Stilmittel

In literarischen Texten, aber auch in Sachtexten, werden oft sprachliche Mittel (z. B. Sprachformen, Sprachbilder, Zeitformen) verwendet, um beim Leser oder Hörer bestimmte Wirkungen zu erzielen. Dazu gehören auch Stilmittel (stilistische Mittel), mit denen Textaussagen wirkungsvoll hervorgehoben werden können. Um zu erkennen, wie jemand versucht, seine Aussagen mit Stilmitteln zu untermauern, aber auch um deine eigenen Texte gut zu gestalten, solltest du einige Stilmitteln kennen und einsetzen können. Achte darauf, dass in einem Satz oder Vers durchaus mehrere Stilmittel vorkommen können. Die wichtigsten werden dir im Folgenden genannt.

Bezeichnung	Erläuterung	Beispiel	Mögliche Wirkung
Akkumulation, die	Reihung von Begriffen	Und es wallet und siedet und brauset und zischt	Betonung; Dramatisierung
Alliteration, die	Wiederholung von gleichen Anfangskonsonanten bei aufeinanderfolgenden Wörtern	Milch macht müde Männer munter; Kind und Kegel; Wahre Wunder werden wirklich.	Wörter prägen sich ein, werden besonders betont; emotionale Verstärkung des gewünschten Ausdrucks
Anapher, die	Wiederholung gleicher Wörter oder derselben Wortgruppe an Vers- oder Satzanfängen	Hätte sie Gedanken, wie ich denke, Hätte sie Gefühl, wie ich empfinde, Würde sie den Morgen nicht erwarten, Würde schon in dieser Stunde kommen.	Wörter prägen sich ein; Betonung; emotionale Verstärkung des gewünschten Ausdrucks
Anrede, die	Hinwendung zu den Adressaten durch direkte Ansprache	Meine sehr geehrten Damen und Herren!	Aufmerksamkeit

Bezeichnung	Erläuterung	Beispiel	Mögliche Wirkung
Antithese, die	Entgegenstellung von Gedanken oder Begriffen	Was dieser heute baut, reißt jener morgen ein. Lieb und Leid.	Betonung des Gegensatzes; Anreiz zum Nachdenken
Chiasmus, der	Überkreuzstellung von ähnlichen Satzstrukturen	Freust du dich deines Lebens, auch ich hab mich des Lebens gefreut.	Intensivierung; Betonung
Dreierfigur, die	dreifache Wiederholung von gleichen Wortarten oder Satzteilen	Ich kam, ich sah, ich siegte. Spiel, Spaß, Spannung.	Verstärkung und Betonung
Ellipse, die	unvollständiger Satz, der aber leicht zu ergänzen ist	Je eher, desto besser. Endlich geschafft!	Betonung; Wichtiges wird hervorgehoben
Epipher, die	Wiederholung gleicher Wörter oder derselben Wortgruppe an Vers- oder Satzenden	Sie sprach zu ihm, sie sang zu ihm. Immer hofft ich, deinen Schritt zu hören, Immer glaubt ich, deinen Tritt zu hören.	Wörter prägen sich ein, werden besonders betont; emotionale Verstärkung des gewünschten Ausdrucks
Euphemismus, der	verhüllende Umschreibung; beschönigt, entlastet	Heimgang für Tod; Vorwärtsverteidigung für Angriff.	taktisches Sprechen; Abmilderung von negativen Botschaften
Hochwertwort, das	ein besonders positiv bewertendes Adjektiv, Nomen etc.	das ultimative Tanzvergnügen; das weißeste Weiß.	Betonung; Veranschaulichung
Hyperbel, die	starke Unter- oder Übertreibung	Es ist zum Haareausraufen! Ein Meer von Tränen. Himmelhochjauchzend.	Dramatisierung; starke Veranschaulichung

Bezeichnung	**Erläuterung**	**Beispiel**	**Mögliche Wirkung**
Inversion, die	Umstellung des üblichen Satzbaus	Schwer ist aller Anfang.	Betonung bestimmter Wörter
Ironie, die	Äußerung, die durchblicken lässt, dass das Gegenteil gemeint ist	Das hast du ja ganz toll hinbekommen! Du bist vielleicht ein netter Freund!	Herabsetzung; (indirekte) Kritik
Klimax, die	Steigerung; meist dreigliedrig	Ich kam, sah und siegte. Gut, besser, am besten.	Dramatisierung
Metapher, die	verkürzter, bildhafter Vergleich, Verwendung eines Wortes in übertragener Bedeutung	Geldwäsche, Glühbirne, Wasserhahn, Feuer der Liebe, Bücher verschlingen.	Veranschaulichung
Neologismus, der	Wortneuschöpfung	Kaufrausch, Berufsjugendlicher, Flüster-Geschirrspüler.	Hervorhebung
Paradoxon, das	Zusammenstellung von Wörtern mit scheinbarem Widerspruch	Bittersüß, das Leben ist der Tod.	starker Anreiz zum Nachdenken
Parallelismus, der	Wiederholung gleicher syntaktischer Strukturen	Ein Blitz leuchtete, der Donner folgte, ein Gewitter setzte ein. Und Welle auf Welle zerrinnet, Und Stunde an Stunde entrinnet.	Dramatisierung; Intensivierung
Parenthese, die	Einschub einer Wortgruppe in einen Satz	Wir sollten uns – und das meine ich ernst – endlich an die Arbeit machen.	Betonung; Zeichen einer inneren Beteiligung; Kommentar

Bezeichnung	Erläuterung	Beispiel	Mögliche Wirkung
Personifikation, die	Vermenschlichung; Gegenstände oder Tiere erhalten die Eigenschaften oder Fähigkeiten von Menschen	Die Sonne lacht. Der Mond scheint. Mutter Natur, Vater Staat.	lebendige Darstellung; Veranschaulichung
Phrase, die	(wortreiches) leeres Gerede	... oder so ... ... ich sag mal ...	Verzögerung
Pointe, die	Höhe- und Schlusspunkt einer Anekdote, Glosse, eines Witzes	Orthogravieh – das sieht man hier – Ist nicht leicht für Mensch und Tier!	Überraschung, Komik
Rhetorische Frage, die	scheinbare Frage, deren Antwort die Leser und Zuhörer kennen, da ihr Einverständnis vorausgesetzt wird	Wer ist schon perfekt? Wer glaubt denn das noch? Was wollt ihr denn?	Mobilisierung einer bestätigenden Reaktion des Lesers oder Zuhörers
Sprachliches Bild, das	Oberbegriff für → Metapher und → Vergleich		
Symbol, das	Zeichen, das auf einen höheren und abstrakteren Bereich verweist	weiße Taube für Frieden; rote Rose für Liebe; Kreuz für Tod oder Christentum.	Veranschaulichung
Vergleich, der	Verknüpfung zweier Begriffe mit wie	Der Kämpfer ist stark wie ein Löwe. Still wie eine Maus.	anschauliche Darstellung
Wortspiel, das	Ausnutzung von sprachlicher Vieldeutigkeit	Lieber arm dran als Arm ab; Zeit heilt alle Wunder.	Komik; Anreiz zum Nachdenken

5 Fachbegriffe: Grammatik

5.1 Funktionen der Sprache

Sprache wird aus den unterschiedlichsten Gründen verwendet. Vor allen Dingen verständigst du dich mit Sprache, wenn du zu jemandem sprichst (mündlich) oder jemandem schreibst (schriftlich).
Mit deiner Sprache denkst du. Da jeder die Sprache anders benutzt, ist sie zugleich ein Zeichen deines persönlichen Ausdrucks.
Schließlich speicherst du dein Wissen sprachlich, indem du dir etwas Gehörtes oder Gelesenes merkst oder aufschreibst.
Die Sprache ermöglicht dir, dich auf die Gegenwart und die Vergangenheit zu beziehen und über eine mögliche Zukunft zu sprechen.
Wenn du zu jemandem sprichst, sagst du meist Verschiedenes gleichzeitig. Denn jede Äußerung hat verschiedene Funktionen. Nehmen wir an, du siehst, dass es in deiner Nähe brennt und du rufst „Feuer". Dann übernimmt deine Nachricht folgende Funktionen:

Funktion	Gesendete Nachricht	Empfangene Nachricht
Informationsfunktion/ Darstellungsfunktion: Du informierst über einen Sachverhalt.	Es brennt.	Es brennt.
Appellfunktion/ Regulierungsfunktion: Du appellierst an deinen Empfänger, etwas zu tun. Du regulierst die Situation mit deinen Mitmenschen.	Hol Hilfe! Fang an zu löschen!	Ich soll Hilfe holen. Ich soll anfangen zu löschen.
Ausdrucksfunktion/ Selbstoffenbarungsfunktion: Du zeigst deine Gefühle.	Ich habe Angst.	Er hat Angst.
Beziehungsfunktion: Du gibst zu erkennen, was du von dem Empfänger deiner Nachricht hältst.	Du bist mir wichtig. Pass auf dich auf. Oder: Du bist dumm, weil du das Feuer nicht gesehen hast.	Er ist um mich besorgt. Oder: Er hält mich für dumm.

Wegen der Gleichzeitigkeit der verschiedenen Funktionen kann es leicht zu Missverständnissen kommen.

5.2 Sprachformen

Deutsch ist nicht gleich Deutsch. In der deutschen Sprachgemeinschaft werden mehrere Sprachformen unterschieden.

Schriftsprache und Standardsprache

Die Schriftsprache oder Standardsprache, früher Hochsprache, ist eine überregionale Sprachform, die von allen deutschen Sprechern verstanden, aber nicht von allen gesprochen wird. Die Standardsprache wird in der Öffentlichkeit, der Schule, Literatur, Wissenschaft und den Medien benutzt. Die Standardsprache ist zugleich unsere Schriftsprache.

Umgangssprache

Die Umgangssprache wird im Alltag gesprochen. Sie ist oft eine Mischung aus der Standardsprache und anderen Sprachformen. Eine mündliche Sprachform ist der Dialekt. Dialekte sind die Sprache einer Gegend oder eines Ortes (z. B. Ruhrdeutsch, Rheinisch, Bayerisch, Friesisch, Schwäbisch, Sächsisch, Berlinerisch usw.). Dialekte unterscheiden sich vom Standarddeutschen durch eine eigene Aussprache, eigene Wörter und eine abweichende Grammatik. Oft werden dialektale Einfärbungen mit der Standardsprache vermischt. Reiner Dialekt wird nur selten gesprochen.
Des Weiteren gibt es Szenesprachen und Jugendsprachen. Sie werden vor allem von Jugendlichen gesprochen, die sich so von den Erwachsenen und anderen Jugendgruppen abgrenzen.
Zur Umgangssprache gehören auch die nachlässig verwendeten, niederen Sprachformen Slang und Jargon mit derben Ausdrücken. In der Schriftsprache wird die Umgangssprache vermieden.

Fachsprache und Fremdwörter

Auf der Arbeit, beim Sport, in den Wissenschaften und in vielen anderen Bereichen verständigen sich Experten in ihrer jeweiligen Fachsprache. Fachwörter sind zumeist genau definiert, und ermöglichen deshalb im jeweiligen Fach unmissverständliche Äußerungen, z. B. Fußball: *passives Abseits*, Mode: *Jackett*, Verkehr: *Omnibus* ... Viele Fachwörter sind Fremdwörter, die aus anderen Sprachen, oft aus dem Griechischen, Lateinischen und Englischen, ins Deutsche eingewandert sind. Fremdwörter unterscheiden durch die Orthographie und Aussprache von deutschen Wörtern. Viele Fremdwörter sind so heimisch, dass sie nicht mehr als Fremdwort zu erkennen sind.

5.3 Wortbedeutung und Wortbildung

Wortfelder

Zu einem Wortfeld gehören Wörter und Redewendungen, die etwas Ähnliches bedeuten. Zum Wortfeld „sprechen" gehören zum Beispiel *rufen, flüstern, erwidern, laut zur Sprache bringen, sagen, Bericht erstatten, befehlen, brüllen, jammern, ...*
Die Wörter eines Wortfelds können unterschiedlichen Wortarten angehören. Die Wörter, die zu einem Wortfeld gehören, nennt man Synonyme. Viele Synonyme sind zwar bedeutungsähnlich, aber nicht immer bedeutungsgleich. Es ist ein Unterschied, ob du *Geld* oder *Moos, Kies, Piepen* sagst. Je mehr Wörter eines Wortfeldes du kennst, desto genauer und abwechslungsreicher kannst du dich ausdrücken.
Das Gegenteil eines Synonyms ist das Antonym (Gegensatzwort),
z. B. *gut – schlecht, jung – alt.*
Wörter, die wie *Kiefer* (= Baumart oder Knochen im Schädel) gleich lauten, gehören nicht dem identischen Wortfeld an. Diese „Teekesselwörter" nennt man Homonyme.

Wortfamilien

Wörter bilden eine Familie, wenn sie den gleichen Wortstamm haben. Bei dem Wort *fahren* ist der Stamm *fahr*. Das ist auch schon die einzige Gemeinsamkeit. Die Mitglieder einer Wortfamilie bestehen aus verschiedenen Wortarten und können unterschiedliche Bedeutungen haben: *fahren, auffahren, abgefahren, gefährlich, fahrlässig, Fuhre, Fährte, Gefährte, Gefahr, Fahrzeugbrief, Fähre.* Das Zusammenstellen von Wortfamilien hilft dir aber bei der Rechtschreibung, da die Wörter einer Wortfamilie im Wortstamm gleich geschrieben werden. Wird also ein Wortstamm mit *h* geschrieben, schreibst du alle verwandten Wörter mit *h*. Allerdings kann bei unregelmäßigen Verben der Stammvokal wechseln: *essen – iss – aß.*

Wortbildung

Du kannst neue Wörter bilden, indem du ein Wort mit anderen Wörtern oder Wortbausteinen zusammensetzt. Bei einer solchen Komposition besteht der erste Teil aus dem Bestimmungswort, der zweite aus dem Grundwort: *Fuß + Ball = Fußball.* Das Grundwort entscheidet über die Wortart und damit über die Groß- und Kleinschreibung: *Farbkasten*, aber *farbenfroh.*

Ableitungen

Diese entstehen durch die Verbindung von Präfix (Vorsilbe) und Wortstamm *ver + lauf = Verlauf* oder durch die Verbindung eines Wortstammes mit einem Suffix (Nachsilbe) *les + ung = Lesung.*

5.4 Wortarten

Wörter lassen sich nach ihrer Form bestimmen und einteilen. Grundsätzlich unterscheidet man dabei zwei große Gruppen von Wortarten: Es gibt flektierbare Wörter, das sind Wörter, die du veränderst, wenn du sie benutzt: Nomen, Artikel, Pronomen, Adjektiv, Verb. Unflektierbare Wörter sind Wörter, die du nicht verändern kannst: Adverb, Konjunktion, Präposition und die „restlichen Wörter" wie *überhaupt, sogar.*

Nomen/Substantive

Mit Nomen bzw. Substantiven bezeichnest du Personen (*Jannik, Svenja, der Lehrer, die Mutter*), Orte (*das Dorf, das Paradies, Oldenburg, Düsseldorf*), Gegenstände (*das Buch, der Stift*), Lebewesen (*der Hai, die Erle*), Gedachtes und Gefühltes (*die Freiheit, die Liebe, die Sorge*).
Jedes Nomen hat ein grammatisches Geschlecht (Genus): Maskulinum (*der Mann*), Femininum (*die Frau*) oder Neutrum (*das Kind*). Das Genus muss mit dem wirklichen Geschlecht nicht übereinstimmen (*das Mädchen*).
Die meisten Nomen kommen in der Einzahl (Singular) und in der Mehrzahl (Plural) vor.
Wenn du ein Nomen im Satz verwendest, gehört es immer einem der vier Fälle (Kasus) an. Die Veränderung eines Kasus nennt man Deklination.

<u>Singular</u>			
1. Nominativ	der Mann	die Frau	das Kind
2. Genitiv	des Mannes	der Frau	des Kindes
3. Dativ	dem Mann	der Frau	dem Kind
4. Akkusativ	den Mann	die Frau	das Kind
<u>Plural</u>			
1. Nominativ	die Männer	die Frauen	die Kinder
2. Genitiv	der Männer	der Frauen	der Kinder
3. Dativ	den Männern	den Frauen	den Kindern
4. Akkusativ	die Männer	die Frauen	die Kinder

Nomen werden immer großgeschrieben. Beachte, dass in einem Satz Wörter Nomen sein können, die in einem anderen Zusammenhang zu einer anderen Wortart gehören.
Wir gehen <u>schwimmen</u> (Verb). *Das <u>Schwimmen</u> macht mir Spaß.*
Das Wasser ist <u>blau</u>. (Adjektiv). *Das <u>Blau</u> des Wassers gefällt mir.*

Artikel

In der deutschen Sprache unterscheidet man bestimmte (*der, die, das*) und unbestimmte (*ein, eine, ein*) Artikel. Der Artikel ist der Begleiter des Nomens. Wenn du einen Text schreibst, verbindest du mit einem unbestimmten Artikel ein Nomen, wenn es zum ersten Mal erwähnt wird. Ein unbestimmter Artikel verweist auf etwas Unbekanntes. Einen bestimmten Artikel erhält ein Nomen dann, wenn das Nomen schon mal genannt wurde.
Ich betrete ein Haus. Das Haus steht in der Hauptstraße.
Des Weiteren zeigt der Artikel das Genus des Nomens an. Der Artikel wird mit dem Nomen in den Singular und Plural und in die einzelnen Fälle gesetzt.
Alle Wörter können zu Nomen werden, wenn sie einen Artikel bekommen: *Im Viertelfinale kam für den FC das Aus.*

Pronomen

Pronomen sind Wörter, die für Nomen stehen. Wenn du Pronomen verwendest, brauchst du in einem Text die Nomen nicht ständig zu wiederholen:
Es werden folgende Arten von Pronomen unterschieden:
1. Personalpronomen (persönliche Fürwörter), sie greifen im Text das zuvor Erwähnte auf oder bezeichnen die sprechende oder angesprochene Person (Anredepronomen): *ich, du, er, sie, es, wir, ihr, sie;* die flektierten Formen: *mir, mich, uns, euch ...*
2. Possessivpronomen (besitzanzeigende Fürwörter), sie drücken die Zugehörigkeit des Nomens zum Sprecher (*mein Buch*) oder Adressaten (*dein Heft*) aus: *mein, dein, sein, ihr, unser, euer ...*
3. Relativpronomen (verbindende Fürwörter), sie leiten Relativsätze ein und beziehen sich auf ein Nomen oder Pronomen im vorausgehenden Satz: *der, die, das, welcher, welche, welches ...*
4. Demonstrativpronomen (hinweisende Fürwörter), sie weisen auf etwas hin, das schon bekannt ist oder näher bestimmt werden soll: *dieser, jener, derjenige ...*
5. Interrogativpronomen (Fragefürwörter), sie leiten eine Frage nach etwas Bestimmten ein: *welcher, wann, wer, was, wie, wo ...*
6. Indefinitpronomen (unbestimmte Fürwörter), sie bezeichnen eine unbestimmte Menge von Personen, Gegenständen: *man, etwas, alle, kein, nichts, einige, jeder, jemand, mancher, mehrere, irgendein ...*
7. Reflexivpronomen (rückbezügliche Fürwörter), sie beziehen sich auf das Subjekt des Satzes und übernehmen die Stelle eines Akkusativ- oder Dativobjekts: *ich → mich, du → dich, er → sich, wir → uns, ihr → euch ...*

Adjektiv

Mit Adjektiven beschreibst du Lebewesen, Gegenstände, Gedanken oder Ereignisse. Im Satz kommen Adjektive als adverbiale Bestimmung (*schmeckt gut*) und als Attribut (*hoher Berg*) vor. Wenn ein Adjektiv vor einem Nomen steht, bezeichnet es das Nomen näher und übernimmt den Fall des Nomens. Adjektive gehören zu den Wörtern, die man deklinieren kann:

Singular			
1. Nominativ	der große Ast	die emsige Maus	das rote Auto
2. Genitiv	des großen Astes	der emsigen Maus	des roten Autos
3. Dativ	dem großen Ast	der emsigen Maus	dem roten Auto
4. Akkusativ	den großen Ast	die emsige Maus	das rote Auto
Plural			
1. Nominativ	die großen Äste	die emsigen Mäuse	die roten Autos
2. Genitiv	der großen Äste	der emsigen Mäuse	der roten Autos
3. Dativ	den großen Ästen	den emsigen Mäusen	den roten Autos
4. Akkusativ	die großen Äste	die emsigen Mäuse	die roten Autos

Viele Adjektive lassen sich steigern:

Positiv (Grundform)	*schlecht*	*gut*
Komparativ (Vergleichsform)	*schlechter*	*besser*
Superlativ (Höchstform)	*am schlechtesten*	*am besten*

Adjektive, die bereits das Höchste oder Niedrigste bezeichnen, lassen sich nicht steigern: *einzig, voll, leer, total, erstklassig, maximal, minimal, optimal ...*
Du kannst mit Hilfe von Adjektiven Vergleiche ziehen.
Vergleiche mit dem Positiv bildest du mit „wie": *Ich bin so schnell wie er.* Das Verglichene ist immer gleichwertig.
Vergleiche mit dem Komparativ bildest du mit „als": *Ich bin schneller als er.* Das Verglichene ist immer unterschiedlich.
Wörter anderer Wortarten werden zu Adjektiven, wenn sie eine Adjektiv-Endung erhalten:
-lich: *freundlich, herzlich, schrecklich ...*
-isch: *tierisch, englisch, kindisch ...*
-ig: *traurig, neblig, witzig ...*
-bar: *wunderbar, tragbar, verletzbar...*

Verb

Mit Verben bezeichnest du Aktionen und Handlungen (*gehen, fliegen, schreiben*), geistige Bedingungen (*träumen, denken, fühlen, meinen*) und Zustände (*sein, werden*). Im Wörterbuch findest du ein Verb im Infinitiv (Grundform).
In Sätzen verwendet, bildet das Verb das Prädikat und informiert dich unter anderem über die

- Person (Personalform: *ich, du, er/sie/es, wir, ihr sie*),
- Zahl (Numerus: Singular oder Plural),
- Zeit, Tempus (Vergangenheit, Gegenwart, Zukunft),
- Handlungsform (Aktiv, Passiv),
- Aussageweise, Modus (Indikativ, Konjunktiv, Imperativ).

Vollverben, wie *schlafen, essen, laufen* können allein das Prädikat bilden. Hilfsverben wie *sein* (*ich bin, war, gewesen*), *haben* (*ich habe, hatte, gehabt*) und *werden* (*ich werde, wurde, geworden*) gebrauchst du vor allem zur Bildung der Zeitformen.

Wenn du Verben in den verschiedenen Formen veränderst, nennt man das Beugung (Konjugation). Die meisten Verben werden regelmäßig konjugiert: *kaufen, kaufte, gekauft – lachen, lachte, gelacht.*
Viele der häufig gebrauchten Verben werden aber unregelmäßig konjugiert, und man muss die einzelnen Formen für jedes Verb lernen: *denken, dachte, gedacht – gelingen, gelang, gelungen.*

Die Modalverben *können, wollen, sollen, dürfen, mögen, müssen* bilden zusammen mit dem Infinitiv eines anderen Verbs das Prädikat. Mit Modalverben lassen sich Hintergründe einbeziehen, beispielsweise ob etwas erlaubt ist (*du darfst etwas essen*), ob man zu etwas verpflichtet wird (*du sollst etwas essen, du musst etwas essen*), oder ob man zu etwas auffordert (*du kannst essen*) oder sich etwas wünscht (*ich möchte etwas essen*).

Verben haben zwei Formen von Partizipien: das Partizip I im Präsens (*schlafend*) und das Partizip II im Perfekt (*Ich habe <u>geschlafen</u>*). Du kannst mit den Partizipien Attribute bilden: *ein schwitzender Sportler, ein gelungener Abend, ein reduzierter Preis.*

Mit der Befehlsform (Imperativ) drückst du eine Aufforderung oder ein Verbot aus. Den Imperativ leitest du von der 2. Person Singular ab:
Du lebst → leb(e), du rechnest → rechne, du atmest → atme, du fängst → fang.
Die wichtigsten Verben mit einem besonderen Imperativ sind: *brich, gib, iss, lies, miss, nimm, sieh, sitz, sprich, triff, vergiss, wirf.*

Zeitformen

Mit Verben lassen sich sechs Zeitformen bilden. Diese Zeitformen beziehen sich auf die Zeiten, mit denen wir leben: Gegenwart, Vergangenheit und Zukunft.

Präsens

Das Präsens richtet sich meistens auf die Gegenwart des Sprechers: *Ich male gerade ein Bild.*
Es kann auf die Vergangenheit verweisen: *Seit drei Jahren male ich an dem Bild und gestern bekleckse ich den Tisch mit Farbe.*
Es kann auf die Zukunft verweisen: *Morgen zeige ich dir mein Bild.*
Mit dem Präsens kannst du Allgemeingültiges wiedergeben: *Meine Bilder sind die schönsten.*
Manche Erzähler wechseln vom Präteritum ins Präsens, um die Spannung zu erhöhen. Inhaltsangaben, Beschreibungen und Protokolle schreibst du im Präsens.
So bildest du das Präsens:

Infinitiv	kommen	kaufen	wissen
Person/Singular 1. ich 2. du 3. er/sie/es	 komme kommst kommt	 kaufe kaufst kauft	 weiß weißt weiß
Person/Plural 1. wir 2. ihr 3. sie	 kommen kommt kommen	 kaufen kauft kaufen	 wissen wisst wissen

Präteritum

Das Präteritum verweist auf die Vergangenheit. Es ist typisch für das schriftliche Erzählen, für Berichte und kann auch bei Protokollen angewendet werden.

Infinitiv	kommen	kaufen	wissen
Person/Singular 1. ich 2. du 3. er/sie/es	 kam kamst kam	 kaufte kauftest kaufte	 wusste wusstest wusste
Person/Plural 1. wir 2. ihr 3. sie	 kamen kamt kamen	 kauften kauftet kauften	 wussten wusstet wussten

Perfekt

Das Perfekt drückt die Vergangenheit aus und wird vor allem im Mündlichen verwendet: *Ich habe verschlafen.*
Du bildest das Perfekt mit einer Form von *haben* (Präsens) oder *sein* (Präsens) + Partizip II:

Infinitiv	kommen	kaufen	wissen
Person/Singular 1. ich 2. du 3. er/sie/es	 bin gekommen bist gekommen ist gekommen	 habe gekauft hast gekauft hat gekauft	 habe gewusst hast gewusst hat gewusst
Person/Plural 1. wir 2. ihr 3. sie	 sind gekommen seid gekommen sind gekommen	 haben gekauft habt gekauft haben gekauft	 haben gewusst habt gewusst haben gewusst

Plusquamperfekt

Diese Zeitform drückt ein Geschehen aus, das vor einem anderen Ereignis in der Vergangenheit liegt. Häufig tritt es in Nebensätzen auf, die mit *nachdem* oder *als* beginnen: *Nachdem ich gegessen hatte, räumte ich den Tisch ab.*
Du bildest das Plusquamperfekt mit einer Form von *haben* (Präteritum) oder *sein* (Präteritum) + Partizip II:

Infinitiv	kommen	kaufen	wissen
Person/Singular 1. ich 2. du 3. er/sie/es	 war gekommen warst gekommen war gekommen	 hatte gekauft hattest gekauft hatte gekauft	 hatte gewusst hattest gewusst hatte gewusst
Person/Plural 1. wir 2. ihr 3. sie	 waren gekommen wart gekommen waren gekommen	 hatten gekauft hattet gekauft hatten gekauft	 hatten gewusst hattet gewusst hatten gewusst

Futur I

Mit dem Futur I sprichst du an, was erst in der Zukunft passiert: *Ich werde lange ausschlafen.*
Oft gebraucht man in solchen Fällen aber das Präsens: *Ich schlafe morgen aus!*
Das Futur I bildest aus einer Form von *werden* + Infinitiv:

Infinitiv	kommen	kaufen	wissen
Person/Singular 1. ich werde 2. du wirst 3. er/sie/es wird	 kommen kommen kommen	 kaufen kaufen kaufen	 wissen wissen wissen
Person/Plural 1. wir werden 2. ihr werdet 3. sie werden	 kommen kommen kommen	 kaufen kaufen kaufen	 wissen wissen wissen

Futur II

Mit dem Futur II drückst du etwas aus, das dich in der Zukunft erwarten wird und dann schon abgeschlossen ist: *Nächstes Jahr werde ich meinen Führerschein gemacht haben.*
Das Futur II wird nur selten verwendet. Du bildest das Futur II aus einer Form von *werden* + Partizip II + *haben* oder *sein*:

Infinitiv	kommen	kaufen	wissen
Person/Singular 1. ich werde 2. du wirst 3. er/sie/es wird	 gekommen sein gekommen sein gekommen sein	 gekauft haben gekauft haben gekauft haben	 gewusst haben gewusst haben gewusst haben
Person/Plural 1. wir werden 2. ihr werdet 3. sie werden	 gekommen sein gekommen sein gekommen sein	 gekauft haben gekauft haben gekauft haben	 gewusst haben gewusst haben gewusst haben

Konjunktiv I

Die direkte Rede steht meistens im Indikativ: *Er sagte: „Ich komme zu spät."*
Wenn du nicht wörtlich wiedergeben willst, was andere gesagt haben, verwendest du die indirekte Rede. Du kannst dazu einen dass-Satz gebrauchen: *Er sagte, dass er zu spät kommt.*
Eine andere Möglichkeit ist, den Indikativ (*ich komme*) in den Konjunktiv I zu setzen: *Er sagte, er komme zu spät.*
Die Formen des Konjunktivs I werden von den Indikativ-Präsensformen der Verben abgeleitet:

Infinitiv	kommen	kaufen	wissen
Person/Singular 1. ich 2. du 3. er/sie/es	 (komme) käme* kommest komme	 (kaufe) kaufte* kaufest kaufe	 wisse wissest wisse
Person/Plural 1. wir 2. ihr 3. sie	 (kommen) kämen* kommet (kommen) kämen*	 (kaufen) kauften* kaufet (kaufen) kauften*	 (wissen) wüssten* wisset (wissen) wüssten*

*Wenn sich der Konjunktiv I nicht vom Indikativ unterscheidet, nimmst du als Ersatzform den Konjunktiv II.

Um die direkte Rede im Perfekt oder Präteritum in indirekte Rede zu verwandeln, brauchst du die Vergangenheitsform des Konjunktivs I. Sie wird gebildet aus den Konjunktiv I-Formen von *sein* oder *haben* + Partizip II:
Direkte Rede im Perfekt: *Sie sagt: „Er ist mir gestern nicht über den Weg gelaufen."*
Indirekte Rede im Perfekt: *Sie sagt, er sei ihr gestern nicht über den Weg gelaufen.*
Direkte Rede im Präteritum: *Dabei behauptet er: „Sie ließ mich seit Tagen nicht mehr aus den Augen."*
Indirekte Rede im Präteritum: *Dabei behauptet er, sie habe ihn seit Tagen nicht mehr aus den Augen gelassen.*

Konjunktiv II

Den Konjunktiv II verwendest du, um Wünsche oder Vorstellungen zu äußern:
Ich wäre gerne reich und berühmt.
Du benutzt ihn aus Höflichkeit: *Könntest du mir die Kartoffeln reichen?*
Du verwendest ihn, wenn du etwas Unwirkliches oder Unwahrscheinliches kennzeichnen willst:
Ich würde mit meinem Fahrrad gern zum Mond fahren.

Die Formen des Konjunktivs II werden von den Indikativ-Präteritumsformen der Verben abgeleitet:

Infinitiv	kommen	kaufen	wissen
Person/Singular 1. ich 2. du 3. er/sie/es	 käme kämest käme	 (kaufte) würde kaufen* (kauftest) würdest kaufen* (kaufte) würde kaufen*	 wüsste wüsstest wüsste
Person/Plural 1. wir 2. ihr 3. sie	 kämen kämet kämen	 (kauften) würden kaufen* (kauftet) würdet kaufen* (kauften) würden kaufen*	 wüssten wüsstet wüssten

*Unterscheidet sich der Konjunktiv II nicht vom Präteritum Indikativ, nimm die würde-Form. Auch komplizierte Konjunktivformen kannst du mit „würde" umschreiben.

Direkte Rede: Der Trainer sagte: *„Wir machen weiter."*	Präsens Indikativ
Indirekte Rede, 1. Versuch: Konjunktiv I: *Der Trainer sagte, sie machen weiter.*	Geht nicht, da Konjunktiv I wie Präsens Indikativ lautet.
Indirekte Rede, 2. Versuch: Konjunktiv II: *Der Trainer sagte, sie machten weiter.*	Geht nicht, da Konjunktiv II wie Präteritum Indikativ lautet.
Indirekte Rede, 3. Versuch: würde-Form: *Der Trainer sagte, sie würden weitermachen.*	Geht.

Aktiv und Passiv

Du kannst entscheiden, ob du einen Satz im Aktiv oder im Passiv schreiben willst. Im Aktivsatz stellst du die Person, die eine Handlung ausführt, in den Mittelpunkt:
Henrike repariert ihr Fahrrad.
Mit einem Passivsatz wird der Blick auf die Person oder Sache gerichtet, mit der etwas geschieht, oder auf die Handlung selbst:
Das Fahrrad wird von Henrike repariert.
Das Passiv wird auch verwendet, wenn der Auslöser der Handlung nicht bekannt ist:
Graffiti wurden an die Wände gesprüht.
Oft findest du das Passiv auch bei Gebrauchsanweisungen und Anleitungen:
Zuerst werden alle Zutaten in den Topf getan.

Wenn du einen Aktivsatz in einen Passivsatz umwandelt, wird das Objekt des Aktivsatzes zum Subjekt des Passivsatzes. Das Subjekt des Aktivsatzes kann im Passivsatz auch entfallen. Die Passivformen von Verben bildest du mit *werden* und dem Partizip II.

Aktiv-Satz: *Carola* (Subjekt) *parkt das Auto* (Akkusativobjekt).

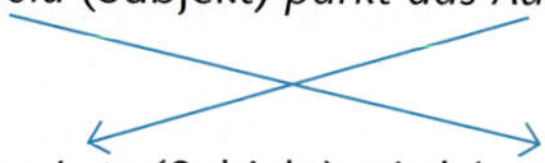

Passiv-Satz: *Das Auto* (Subjekt) wird (*von Carola*) geparkt.

Achte darauf, dass du das Futur I wegen der Verwendung von *werden* + Infinitiv nicht mit dem Passiv verwechselst.
Henrike wird ihr Fahrrad reparieren. (*werden* + Infinitiv = Futur I)
Das Fahrrad wird repariert. (*werden* + Partizip II = Passiv)

Formen des Passivs

Indikativ	Zeitformen des Aktivs	Zeitformen des Passivs
Präsens	Man sieht mich.	Ich werde gesehen.
Perfekt	Man hat mich gesehen.	Ich bin gesehen worden.
Präteritum	Man sah mich.	Ich wurde gesehen.
Plusquamperfekt	Man hatte mich gesehen.	Ich war gesehen worden.
Futur I	Man wird mich sehen.	Ich werde gesehen werden.
Futur II	Man wird mich gesehen haben.	Ich werde gesehen worden sein.

Präposition

Präpositionen (Verhältniswörter) gehören zu den unveränderlichen Wörtern. Eine Präposition bestimmt, in welchem Fall das Nomen und die Wörter vor dem Nomen stehen:
Genitiv – *wegen des Schnees,*
Dativ – *mit dem Fahrrad,*
Akkusativ – *auf das Dach.*

Präpositionen mit Genitiv: *(an)statt, trotz, während, wegen.*
Statt des T-Shirts solltest du lieber einen Pullover tragen.
Wegen des Regens bleibe ich zu Hause.
Während der Schulstunde habe ich vorgelesen.
Trotz des Sonnenscheins bin ich nicht nach draußen gegangen.

Präpositionen mit Akkusativ: *bis, durch, für, gegen, ohne, um, wider.*
Ich gehe durch das Zimmer.
Ich möchte dich für einen Moment sprechen.
Du beschimpfst mich ohne Grund.
Ich kämpfe nicht gegen dich.

Präpositionen mit Dativ: *aus, außer, bei, mit, nach, seit, von, zu.*
Dieses Handy ist aus der Mode.
Außer mir wussten das natürlich alle.
Beim Frühstück habe ich aus dem Fenster geschaut.
Ich rede mit Händen und Füßen.
Ich gratuliere dir zum Geburtstag.
Insa fährt zu ihrem Freund.

Präpositionen mit Akkusativ oder Dativ: *an, auf, hinter, in, neben, unter, vor, zwischen.*
Achtung: Ein Akkusativ folgt einer Präposition auf die Frage „Wohin?"
Ein Dativ folgt einer Präposition auf die Frage „Wo?"

Akkusativ (Wohin?)	Dativ (Wo?)
Ich lehne mich an das Geländer. Sie setzt sich auf das Fahrrad. Ich springe hinter das Tor. Er geht in das Zimmer.	Ich lehne am Geländer. Sie sitzt auf dem Fahrrad. Ich springe hinter dem Tor. Er steht im Zimmer.

Adverb

Adverbien gehören zu den unflektierbaren Wörtern. Mit Adverbien werden Sätze näher bestimmt, zum Beispiel hinsichtlich

- der Zeit mit temporalen Adverbien (*jetzt, dann, heute, nachts, sofort …*),
- des Ortes mit lokalen Adverbien (*hier, nebenan, unten, dort, oben …*),
- der Art und Weise mit modalen Adverbien (*so, gern, kaum, mindestens, …*),
- des Grundes mit kausalen Adverbien (*deshalb, nämlich, jedenfalls, seinetwegen, folglich …*).

Manche Adverbien verknüpfen Sätze miteinander. Die Adverbien stehen immer in einem Hauptsatz. Sie sind oft das erste Satzglied: *Ich will etwas essen. Zuerst werde ich aber etwas trinken.*

Ein Adverb kann im Satz eine adverbiale Bestimmung sein:
Ein Junge fiel plötzlich ins Wasser. Er ging sofort nach Hause.
Doch auch andere Wortarten können als einzelnes Wort eine adverbiale Bestimmung sein, beispielsweise das Adjektiv. Wenn du das Wort flektieren kannst, ist es ein Adjektiv: *Er lief schnell nach Hause. Er berichtete fröhlich seinen Freunden vom Training.*

Konjunktion

Konjunktionen verbinden Wörter, Wortgruppen und Sätze miteinander. Man unterscheidet zwei Arten:
1. nebenordnende Konjunktionen: Sie verbinden Wörter, Wortgruppen oder Sätze miteinander: *und, sowohl … als auch, oder, entweder … oder, sondern, denn …*
Entweder ich gehe ins Kino oder ich gehe ins Restaurant.
Ich kann nicht mehr bleiben, sondern muss nach Hause gehen.
Wenn zwei Hauptsätze durch nebenordnende Konjunktionen verbunden werden, dann bleibt die Normalstellung der Satzglieder im zweiten Hauptsatz erhalten. Die Konjunktion ist sozusagen das „nullte" Satzglied. Es beeinflusst nicht die Stellung der anderen Satzglieder.
Sie legte sich ins Bett, denn sie war sehr müde.
2. unterordnende Konjunktionen: Sie verbinden Hauptsätze und Nebensätze: *als, als ob, anstatt dass, bevor, bis, da, damit, dass, ehe, falls, indem, nachdem, ob, ohne dass, seitdem, sodass, während, weil, wenn, wie …*
Weil ich viel trainiert habe, gewinne ich das Rennen.

5.5 Satz

Satzglieder

Ein Satz ist die kleinste sprachliche Einheit, mit der man Gedanken äußern kann. Ein Satz kann aus einem einzigen Wort bestehen: „Gut!" zum Beispiel als Antwort auf die Frage: „Wie geht es dir?"
Die meisten Sätze bestehen aus verschiedenen Satzgliedern. Satzglieder kannst du innerhalb eines Satzes verschieben, ohne dass sich durch den veränderten Satzbau der Sinn des Satzes ändert. Ein Satzglied kann aus einem Wort, einer Gruppe von Wörtern oder einem Satz bestehen.
Durch das Umstellen von Satzgliedern (Umstellprobe) kannst du herausfinden, wie du einen Satz besonders gut an den vorherigen Satz anschließen oder wie du ein Satzglied besonders betonen kannst. In der Satzlehre (Syntax) unterscheidet man vier Arten von Satzgliedern:

Subjekt:	<u>Jarne</u> I malte I gestern I ein Bild I in der Schule.
Prädikat:	Jarne I <u>malte</u> I gestern I in der Schule I ein Bild.
Objekte:	<u>Ein Bild</u> I malte I Jarne I gestern I in der Schule.
Adverbiale Bestimmungen:	<u>Gestern</u> I malte I Jarne I ein Bild I <u>in der Schule</u>. **<u>In der Schule</u>** I malte I Jarne I <u>gestern</u> I ein Bild.

Subjekt, Objekt und adverbiale Bestimmung kannst du in einem Satz umstellen, ohne seinen Sinn zu verändern. Nur das Prädikat steht in diesem Satz immer an der zweiten Satzgliedstelle.

Satzarten

Es werden vier Satzarten nach ihrem äußeren Aufbau, also nur formal, unterschieden:

- Hauptsatz bzw. Aussagesatz: Bei einem Hauptsatz bzw. Aussagesatz steht die Personalform des Prädikats an zweiter Stelle:
  Jennifer <u>schreibt</u> heute Nachmittag ihre Bewerbung.
- Fragesatz: Bei Entscheidungsfragen steht die Personalform des Prädikats an erster Stelle oder an zweiter Stelle, wenn der Fragesatz durch ein Fragepronomen eingeleitet wird: *<u>Schreibt</u> Jennifer schon ihre Bewerbung? Wann <u>schreibt</u> Jennifer ihre Bewerbung?*
- Aufforderungssatz: Hier steht der Imperativ des Prädikats an erster Stelle: *<u>Schreib</u> deine Bewerbung, Jennifer!*
- Nebensatz: Nebensätze hängen inhaltlich mit einem Hauptsatz zusammen und können der Form nach nicht alleine stehen. Im Nebensatz steht das Prädikat immer am Ende: *Jennifer hat morgen keine Zeit* (Hauptsatz), *weil sie ihre Bewerbung <u>schreibt</u>* (Nebensatz).

Subjekt und Prädikat

Die meisten Sätze im Deutschen bestehen mindestens aus einem Subjekt und einem Prädikat. Das Prädikat wird immer durch ein Verb gebildet.

Das Subjekt bezeichnet meistens jemanden oder etwas, von dem eine Handlung oder ein Vorgang ausgeht oder das in einem bestimmten Zustand ist. Das Prädikat benennt den Vorgang, die Handlung oder den Zustand.
Die Kinder toben. (Handlung)
Die Eltern basteln. (Vorgang)
Alle sind glücklich. (Zustand)

Durch das Prädikat erfährst du etwas über das Subjekt. Damit du die Beziehung zwischen Subjekt und Prädikat leicht erkennen kannst, übernimmt das Prädikat die Personal- und Anzahlform des Subjekts:
Ich lerne. Wir lachen. Er niest.
Oft ist das Prädikat mehrteilig:
Der Junge hat laut geniest.
Es kann auch einen Zusatz erhalten, der zum Verb gehört:
Der Ast bricht vom Baum ab.

Das Subjekt wird von einem Nomen oder Pronomen im Nominativ (1. Fall) gebildet. Du kannst es mit den Fragen „Wer?“ oder „Was?“ ermitteln.
Die Kinder bauen ein Baumhaus. Wer baut ein Baumhaus?
Das Baumhaus ist aus Holz. Was ist aus Holz?
Eine weitere Methode, das Subjekt zu bestimmen, ist die Pluralprobe. Setze dazu alle Nomen und Personalpronomen in den Plural. Wenn du auch das Prädikat ändern musst, hast du das Subjekt gefunden:

- *Wie die Qualle so liebt der Urlauber den Strand.*
- *Wie die Quallen so liebt der Urlauber den Strand.*
  → Qualle ist nicht Subjekt
- *Wie die Quallen so liebt der Urlauber die Strände.*
  → Strand ist nicht Subjekt
- *Wie die Quallen so lieben die Urlauber den Strand.*
  → Urlauber ist Subjekt!

Objekte

Objekte (dt. Ergänzungen) sind Satzglieder. Objekte sind eng mit dem Verb verbunden. Denn das Verb legt fest, in welchem Fall ein Objekt steht und wie viele Objekte für einen sinnvollen Satz erforderlich sind.

Man unterscheidet vier Arten von Objekten:

1. Genitiv-Objekt:	Er enthält sich (wessen?) der Stimme.
2. Dativ-Objekt:	Er steht (wem?) dem Klassensprecher bei.
3. Akkusativ-Objekt:	Sie fragt (wen oder was?) den Mitschüler.
4. präpositionales Objekt	Er achtet auf (auf was?) die Uhrzeit.

Ein präpositionales Objekt erfragst du immer mithilfe der Präposition, die zum Verb gehört.

Wenn die Hilfsverben „sein" und „werden" als Vollverben verwendet werden, findest du manchmal als Satzglied den Gleichsetzungsnominativ. Er ist eine Art „Objekt" im Nominativ:
Der Tag ist (was?) ein Erfolg. Objekte sind (was?) Satzglieder. Niklas wird (was?) Bergsteiger.

Achte auf den Zusammenhang von Verb und Objekt:

- *Er schläft.*
  Diese Aussage ist vollständig. Das Verb *schlafen* erfordert keine Objekte.
- *Er betrachtet.*
  Diese Aussage ist unvollständig. Man will wissen, wen er betrachtet. Das Verb verlangt ein Akkusativ-Objekt:
  Er betrachtet den Sternenhimmel.
- *Er hilft.*
  Auch diese Aussage ist unvollständig. Man will wissen, wem er hilft. Das Verb verlangt ein Dativ-Objekt:
  Er hilft seinem Bruder.
- *Er schenkt.*
  Das Verb *schenken* verlangt das Dativ- und Akkusativobjekt für einen sinnvollen Satz:
  Er schenkt seinem Freund einen Ball.

Adverbiale Bestimmungen

Im Unterschied zu den Objekten sind adverbiale Bestimmungen unabhängig vom Verb und können oft weggelassen werden. Dennoch sind adverbiale Bestimmungen sehr nützlich, da du mit ihnen genaue Angaben machen kannst.

Es werden vier Arten von adverbialen Bestimmungen unterschieden:

1. Zeit (temporal: wann, wie lange, wie oft?..,): *Er ging heute zum Rudern.*
2. Ort (lokal: wo, woher, wohin? ...): *Die Ruderboote waren im Schuppen.*
3. Art und Weise (modal: wie, wie sehr?...): *Sie trainierten hart.*
4. Grund (kausal: warum?, wieso?...): *Sie werden morgen wegen der Regatta noch härter trainieren.*

Beachte den folgenden Unterschied:
Besteht eine adverbiale Bestimmung aus einer Wortgruppe, beginnt sie oft mit einer Präposition:
Sie ruderten auf dem Fluss. Sie sahen zum Ufer.
Deshalb sind adverbiale Bestimmungen von präpositionalen Objekten oftmals schwer zu unterscheiden. Ein sicheres Zeichen für präpositionale Objekte ist, dass du sie mit Hilfe der Präposition erfragen kannst, die zum Verb gehört:
Adverbiale Bestimmung: *Stefan ruderte (wo?) auf dem Fluss.*
Präpositionales Objekt: *Stefan achtete (auf wen?) auf seinen Vordermann.*

Auch Sätze können eine adverbiale Bestimmung sein:
Als sie auf dem Fluss ruderten (wann?), beobachteten sie den Straßenverkehr.
Sie belegten auf der Regatta den ersten Platz, weil sie viel trainiert haben (warum?).

5.6 Attribute

Um ein Nomen näher zu bestimmen oder zu charakterisieren, verwendest du Attribute.
Das erste Training der Woche ist vorbei.
Attribute sind Teile von Satzgliedern, keine selbstständigen Satzglieder. Sie ergänzen ein Nomen (Training), das in einem Satzglied (hier: dem Subjekt) steht. Attribute können links oder rechts bzw. vor oder nach dem Nomen stehen, zu dem sie gehören.

1. Adjektiv-Attribut:	*Das neue Ruderboot ist aus Holz.*
2. Pronominales Attribut:	*Mein Ruder ist kaputt.*
3. Adverbiales Attribut:	*Das Ruderboot dort ist repariert.*
4. Genitiv-Attribut:	*Der Besitzer der Boote ist heute da.*
5. Präpositionales Attribut:	*Das Boot im Wasser hat ein Leck.*
6. Relativsatz-Attribut:	*Der Verein, der außerhalb der Stadt liegt, hat viele Mitglieder.*
7. Apposition als Attribut:	*Christian, der beste Ruderer, gewann schon viele Rennen.*

Beachte, dass die Apposition immer den Fall des Nomens, auf das es sich bezieht beibehält: *Von diesem Jungen, einem fleißigen Sportler, kann man noch viel lernen.*

Der Relativsatz wird auch Attributsatz genannt. Er wird mit den Relativpronomen *der, die, das, welcher, welche, welches* eingeleitet. In Relativsätzen steht die Personalform des Verbs am Ende:
Die Ruderer, die schon seit Stunden unterwegs sind, kehrten endlich zum Anleger zurück.
Das Relativpronomen muss nicht das erste Wort eines Relativsatzes sein: *Ich helfe den Ruderern, von denen einige sehr erschöpft sind, beim Säubern der Boote.*

Durch die Umstellprobe kannst du Attribute von adverbialen Bestimmungen unterscheiden. Adverbiale Bestimmungen sind Satzglieder, du kannst sie umstellen. Attribute bleiben dagegen in der Regel beim Nomen, zu dem sie gehören.
Das Boot mit dem Leck muss repariert werden.
→ *Mit dem Leck repariert das Boot werden.* → *geht nicht*
→ *Mit dem Leck = Präpositionales Attribut.*

5.7 Satzreihe und Satzgefüge

Satzreihe

Eine Satzreihe (Parataxe) entsteht, wenn du Hauptsätze durch Konjunktionen oder Kommas verbindest:
Fatima spielt gerne Schach, trainiert im Schachverein und liest viele Bücher übers Schachspiel. Deshalb ist sie unserer Klasse unbesiegbar, keiner hat gegen sie eine Chance.

Satzgefüge

Ein Satzgefüge (Hypotaxe) entsteht, wenn du einen Hauptsatz und Nebensatz verbindest. Den Hauptsatz erkennst du daran, dass die Personalform des Verbs das zweite Satzglied bildet. Im Nebensatz findest du die Personalform des Verbs an letzter Stelle.
Nebensätze werden stets durch Kommas von anderen Sätzen abgetrennt. Nebensätze können dem Hauptsatz vorangestellt, nachgestellt oder in ihn eingeschoben sein.

Konjunktionale Nebensätze

Adverbialsätze: *Als Fatima nach Hause kommt, klingelt ihr Handy.*
Subjektsätze: *Dass sie den Anruf entgegen nimmt, ist selbstverständlich.*
Die Ersatzprobe zeigt dir, dass der dass-Satz das Subjekt ist:
Die Annahme des Anrufs ist selbstverständlich.
Objektsätze: *Manche erkennen erst spät, dass ein Handy-Vertrag teuer sein kann.*
Die Ersatzprobe zeigt dir, dass der dass-Satz das Akkusativobjekt ist:
Manche erkennen erst spät die Folgen eines Handy-Vertrags.

Weitere Nebensätze

Indirekte Fragesätze werden in der Regel durch ein Fragepronomen eingeleitet:
Fatima fragt sich, wer sie angerufen hat.
Relativsätze: *Das Handy, das ihr ihre Mutter geschenkt hat, ist sehr leicht und elegant.*
Infinitivsätze: *Sie unterbricht das Gespräch, um ins Haus gehen zu können.*
Partizipialgruppen: *Kaum in ihrem Zimmer angekommen, wird sie angerufen.*

5.8 Satzverknüpfungswörter

Damit deine Text besser zu lesen sind und die inhaltlichen Zusammenhänge sowie deine Gedanken deutlich werden, ist es sinnvoll, Sätze miteinander zu verknüpfen. Als Satzverknüpfungswörter stehen dir zur Verfügung:

- Konjunktionen, die Nebensätze einleiten:
  Patrick ging nicht zur Schule, weil er krank war.
- Konjunktionen, die Hauptsätze einleiten:
  Patrick blieb zu Hause. Denn er war krank.
- Adverbien, mit denen du Hauptsätze verbindest:
  Patrick hatte eine Erkältung. Deshalb nahm er Medizin.

Konjunktionen in Hauptsätzen beeinflussen nicht die Satzstellung der übrigen Satzglieder. Sie werden nicht mitgezählt, sondern sind das „nullte" Satzglied. Daher folgt im Beispiel oben nach der Konjunktion das Subjekt.
Adverbien in Hauptsätzen sind vollwertige Satzglieder und beeinflussen die Stellung der übrigen Satzglieder. Daher folgt im Beispiel nach dem Adverb das Prädikat.

Satzverknüpfungswörter, mit denen du Wörter und Sätze aneinanderreihen und aufzählen kannst

und, sowie, oder, außerdem, ferner, überdies, dazu, dann, zudem

Ich programmiere Spiele und ich chatte gern im Internet.
Ich programmiere Spiele. Überdies chatte ich gern im Internet.

Satzverknüpfungswörter, die Begründungen herstellen, etwas begründen, einen wirklichen Grund angeben (Frage: Warum?)

weil, da, denn, deshalb, daher, deswegen, darum

Ich gehe zu einem Bewerbungstraining, da ich bei den Tests gut abschneiden will.
Ich telefoniere gern. Deshalb habe ich eine hohe Telefonrechung.

Satzverknüpfungswörter, die eine Bedingung bzw. einen möglichen Grund angeben (Frage: Unter welcher Bedingung? Warum? Wieso?)

wenn, falls, sofern

Wenn ich viel trainiere, bestehe ich die Prüfung.

Satzverknüpfungswörter, die einen Zweck oder Absicht angeben (Frage: Wozu?)

Damit, um ...zu, dazu, dafür

Ich gehe zu einem Bewerbungstraining, damit ich bei den Tests gut abschneide.
Ich gehe zu einem Bewerbungstraining, um bei den Tests gut abzuschneiden.

Satzverknüpfungswörter, die eine Folge und Wirkung angeben (Frage: Mit welcher Folge/Wirkung?)

sodass, so … dass, also, folglich, mithin

Ich bin so satt, dass ich nichts mehr essen kann.
Ich bin satt. Also werde ich nichts mehr essen.

Satzverknüpfungswörter, die etwas einräumen (Frage: Trotz welchen Hindernisses?)

obwohl, obgleich, wenn auch, selbst wenn, trotzdem, dennoch, aber

Obwohl ich lange geschlafen habe, bin ich sehr müde.
Selbst wenn ich mich sehr beeile, komme ich zu spät zum Bahnhof.

Satzverknüpfungswörter, die Umstände oder Mittel angeben (Frage: Womit? Wodurch? Wie?)

indem, ohne dass, dadurch, damit

Meine theoretische Führerscheinprüfung bestehe ich, indem ich sehr viel lerne.
Ich lerne sehr viel. Damit schaffe ich die theoretische Führerscheinprüfung.

Satzverknüpfungswörter, die etwas zeitlich einordnen (Frage: Wann? Seit wann?)

nachdem, bevor, ehe, wenn, seit, bis, während, als, danach, vorher, bisher

Während er nachdachte, hörte er Radio.
Bevor er aß, war er hungrig.
Nachdem er gegessen hatte, war er satt.

6 Rechtschreib-Wissen

6.1 Groß- und Kleinschreibung

Du weißt, dass du alle Nomen großschreiben musst. Denke daran, dass jedes Wort nominalisiert werden kann. Achte auf die Artikel, Adjektive, Pronomen und Präpositionen als Begleiter des Nomens:
Wir fahren ins Blaue (ins = in das). Sein Lachen ist überall zu hören.
Sie ist etwas Besonderes. Mit dem Halbfinale kam das Aus.

Sonderfälle der Kleinschreibung

Klein schreibst du die Wörter, die formgleich als Nomen vorkommen, aber keine Merkmale eines Nomens mehr aufweisen. Dazu gehören folgende Verbindungen:

sein *bleiben* *werden*	+	*angst, bange, gram, klasse, leid, pleite, recht, schuld, spitze, unrecht, weh, wurst*

Wegen der fehlenden Gewinne wird er bald pleite sein.
Ob sich Alex und Marina verstehen, kann dir doch wurst sein.

Groß- wie kleingeschrieben werden *recht/Recht* und *unrecht/Unrecht* in Verbindung mit Verben wie *behalten, bekommen, geben, haben, tun.*

Groß- und Kleinschreibung bei Wortgruppen aus Adjektiv und Nomen

Bei Wortgruppen aus Adjektiv und Nomen schreibst du das Adjektiv klein: *meine neue CD.*
Bei folgenden Wortgruppen schreibst du das Adjektiv groß:

- bei Eigennamen: *das Rote Kreuz, das Schwarze Meer, der Große Bär am Sternenhimmel,*
- bei Titeln, Ehrenbezeichnungen, Amts- und Funktionsbezeichnungen: *der Technische Direktor, die Königliche Hoheit, der Regierende Bürgermeister,*
- bei besonderen Kalendertagen: *der Internationale Frauentag,*
- bei fachsprachlichen Bezeichnungen: *das Schwarze Meer, der Rote Milan, das Neue Testament.*

6.2 Getrennt- und Zusammenschreibung

Getrennt- und Zusammenschreibung von Adjektiven und Verben

Bei Verbindungen von Adjektiven und Verben musst du Folgendes beachten:

- Du kannst die Verbindung getrennt oder zusammenschreiben, wenn das Adjektiv das Ergebnis der Handlung beschreibt:
  - *Jens möchte das Fahrrad blank putzen (oder blankputzen)* = blank ist das Ergebnis des Putzens
  - *Sarah wird die Gurken klein schneiden (oder kleinschneiden)* = klein ist Ergebnis des Schneidens
- Du schreibst die Verbindung zusammen, wenn Adjektiv und Verb zusammen eine neue Bedeutung ergeben. Oft kannst du diese Bedeutung durch ein Wort ersetzen.
  - *Nico möchte den Fehler richtigstellen (= berichtigen).*
  - *Ob ich die Aufgaben erledigen kann, werde ich gleich feststellen (= prüfen, testen usw.).*
- Die übrigen Verbindungen von Adjektiven und Verben schreibst du getrennt. Dazu gehören vor allem Verbindungen mit längeren oder erweiterten Adjektiven.
  - *Klaus wird sein Fahrrad quietschgelb streichen.*
  - *Bei dem Wettkampf werde ich sehr schnell rennen.*

Getrennt- und Zusammenschreibung von Nomen und Verben

- Nomen und Verben schreibst du meistens getrennt: *Ich werde Rad fahren. Morgen will ich einen Kuchen backen.*
- Manche Nomen und Verben bilden untrennbare Zusammensetzungen. Man schreibt sie zusammen: *brandmarken, handhaben, lobpreisen, nachtwandeln, schlussfolgern.*
- Du schreibst die Verbindungen zusammen, bei denen die ersten Bestandteile die Eigenschaften selbstständiger Nomen weitgehend verloren haben: *bankrottgehen, eislaufen, kopfstehen, leidtun, nottun, pleitegehen, standhalten, stattfinden, stattgeben, statthaben, teilhaben, teilnehmen, wundernehmen.*
  Beachte: *Es tut mir leid. Die Firma geht pleite.*
- Bei einigen Verbindungen kannst du selbst entscheiden, ob du getrennt oder zusammenschreiben willst: *danksagen/Dank sagen, er sagt Dank, staubsaugen/Staub saugen, er saugt Staub, delfinschwimmen/Delfin schwimmen, sie schwimmt Delfin, achtgeben/Acht geben* (aber nur: *sehr achtgeben, aller größte Acht geben*), *achthaben/Acht haben, haltmachen/Halt machen, maßhalten/Maß halten.*

Getrennt- und Zusammenschreibung von Verben und Verben

Verbindungen aus zwei Verben werden getrennt geschrieben. Verbindungen mit *lassen* und *bleiben* als zweitem Bestandteil kannst du zusammenschreiben, wenn eine übertragene Bedeutung vorliegt. *Sie wollte ihn stehen lassen/stehenlassen* (= sich von ihm abwenden). Dasselbe gilt für *kennen lernen/kennenlernen.*

Besonderheiten der Getrennt- und Zusammenschreibung

Folgende Wörter schreibst du zusammen:
bergab, diesmal, ebenso, einigermaßen, einmal, genauso, gleichermaßen, indessen, irgendeinmal, irgendetwas, irgendwer, keinmal, kopfüber, landein, sowieso, stromabwärts, tagsüber, unterdessen, zuerst, zuletzt, zunächst, zweifelsohne …

Folgende Verbindungen schreibst du getrennt:
das erste Mal (aber: einmal), den Fluss abwärts (aber: flussabwärts), dies eine Mal (aber: diesmal), gar kein, gar nicht, gar nichts, irgend so einer, irgend so etwas, so viele Lernwörter, wie viel, wie weit, zu Ende gehen, zu Fuß gehen, zu Hause bleiben, zu Hilfe kommen, zu viel Schlaf …

Bei diesen Fällen kannst du selbst entscheiden, ob du getrennt oder zusammenschreiben willst:
anstelle/an Stelle, auf seiten/auf Seiten, aufgrund/auf Grund, die notleidende Bevölkerung/die Not leidende Bevölkerung, holzverarbeitende Industrie/Holz verarbeitende Industrie, engverwandt/eng verwandt, imstande/im Stande sein, infrage/in Frage stellen, instand/in Stand setzen, kleingeschnitten/klein geschnitten, mithilfe/mit Hilfe, schwerkrank/schwer krank, sodass/so dass, zugrunde/zu Grunde richten, zugunsten/zu Gunsten, zulasten/zu Lasten, zuleide/zu Leide tun, zumute/zu Mute sein, zuschulden/zu Schulden kommen lassen, zustande/zu Stande bringen, zuungunsten/zu Ungunsten ...

6.3 Zeichensetzung

Punkt und Komma

Alles, was zu einem Verb gehört, bildet eine Sinneinheit, einen Satz, und wird durch ein Satzzeichen von anderen Sätzen abgetrennt. Ist die Sinneinheit abgeschlossen, steht ein Punkt.
Das Komma trennt einen Nebensatz vom Hauptsatz: *Wir lesen viel, wenn das Buch spannend ist.*
Das Spiel, das ich mir gekauft habe, gefällt mir.

Kommasetzung bei Aufzählungen

Bei Aufzählungen von Wörtern oder auch ganzen Sätzen werden Kommas eingefügt. Das Komma wird durch *und* oder *oder* aufgehoben: *Feliz ordnete heute ihre Bücher, Hefte und legte ein Portfolio an.*

Kommasetzung bei Satzreihen (Parataxe)

Hauptsätze, die man als zusammengehörig kenntlich machen will, kann man durch Kommas abtrennen:
Die Eltern spielten Karten, die Kinder lösten Sudokus.
Wenn zwei Hauptsätze durch *und* oder *oder* verbunden sind, kann das Komma wegfallen.
Bei der Reihung von Sätzen, die durch *und, oder, beziehungsweise/bzw., entweder – oder, nicht – noch* oder durch *weder – noch* verbunden sind, kannst du ein Komma setzen, um die Gliederung des Satzes deutlich zu machen.
Der Tee war endlich fertig, und sie machten es sich im Wohnzimmer gemütlich.
Weder wusch er das Auto, noch reparierte er das Fahrrad.
Er malte das Meer, und die Boote trieben auf dem Wasser.
Entweder drehen die Schwimmer jetzt bald wieder um, oder sie werden noch ertrinken.

Kommasetzung bei dass-Sätzen

Die Konjunktion dass wird oft falsch geschrieben. Mit *dass* wird meistens ein Nebensatz (Objekt- oder Subjektsatz) eingeleitet. Im dass-Satz wird ein Gedanke fortgesetzt und vervollständigt. Dass-Sätze folgen oft nach Verben wie *wissen, meinen, glauben, sagen, hoffen, denken, vermuten …*
Manchmal wird die Konjunktion *dass* mit dem Demonstrativpronomen *das* verwechselt:
*Ich glaube, **dass** das ein Missverständnis <u>ist</u>.* (*dass* = Konjunktion im Objektsatz.)
*Ich glaube, **das** <u>ist</u> ein Missverständnis.* (*das* = Demonstrativpronomen im Hauptsatz, kann durch *dies* oder *dieses* ersetzt werden)

Außerdem wird die Konjunktion *dass* mit dem Relativpronomen *das* verwechselt:
Ich bin so hungrig, ***dass*** *ich in großer Eile esse.* (*dass* = Konjunktion im Nebensatz)
Ich nehme mir ein Stück Kuchen, ***das*** *ich in großer Eile esse.* (*das* = Relativpronomen im Relativsatz, kann durch *welches* ersetzt werden)

Die Ersatzprobe hilft dir festzustellen, ob du *dass* oder *das* schreiben musst. Probiere, ob du an Stelle von *das/dass* entweder ein Demonstrativpronomen *dies/dieses* oder ein Relativpronomen *welches* einsetzen kannst. Geht das nicht, schreibst du *dass*.

Kommasetzung bei direkter Rede

Durch Anführungszeichen kennzeichnest du die direkte Rede in einem Text. Oft weist ein Begleitsatz auf die wörtliche Rede hin. Beachte die Satzzeichen.

- Begleitsatz vorangestellt: *Jannik sagte: „Ich gehe zum Training."*
- Begleitsatz nachgestellt: *„Ich fahre mit dem Fahrrad", sagte Jannik.*
  „Wann bist du wieder da?", fragte Svenja. „Ich weiß es noch nicht!", rief Jannik.
  Beachte: In der wörtlichen Rede steht nach einem Aussagesatz kein Punkt, wenn der Begleitsatz nachgestellt ist.
- Begleitsatz eingeschoben: *„Ich trainiere für den Wettkampf", erklärte Jannik, „ich weiß nicht, wann ich fertig bin."*

Kommasetzung bei Infinitivgruppen

Infinitivgruppen grenzt du dann mit Komma(s) ab,

- wenn die Infinitivgruppe mit *um, ohne, statt, anstatt, außer, als* eingeleitet wird:
  Ich rufe ihn an, um ihn einzuladen.
- wenn die Infinitivgruppe von einem Nomen abhängt:
  Er fasste den Plan, morgen abzureisen.
- wenn die Infinitivgruppe von einem Verweiswort abhängt:
  Sabine mag es, mit Fabian zu reden. Fabian hat nicht damit gerechnet, Sabine wieder zu treffen.
- um Missverständnisse zu vermeiden: *Ich hoffe, jede Woche etwas zu gewinnen. Ich hoffe jede Woche, etwas zu gewinnen.*

Bei einem einfachen Infinitiv kannst du das Komma auch weglassen.
Er versucht zu schlafen.

7 Übersicht über die Operatoren im Fach Deutsch

In jeder Aufgabenstellung werden dir Anweisungen gegeben. Diese Anweisungen nennt man Operatoren. Du musst die Operatoren genau beachten, um die Aufgaben richtig lösen zu können.
Grundsätzlich werden die Operatoren einem Anforderungsbereich zugeordnet. Jeder Anforderungsbereich stellt unterschiedliche Ansprüche.
Bei dem *Anforderungsbereich I* geht es um die Wiedergabe von Wissen. Es wird von dir erwartet, dass du über die notwendigen inhaltlichen und methodischen Kenntnisse verfügst.
Bei dem *Anforderungsbereich II* wird von dir die Neuordnung und Strukturierung von Kenntnissen verlangt. Du musst also die aus der Thematik, dem Material und der Aufgabenstellung erwachsenden Fragen bzw. Probleme selbstständig erfassen, einordnen, strukturieren und verarbeiten. Das gilt auch für die entsprechende gedankliche und sprachliche Bearbeitung des Problems bzw. der Thematik.
Bei dem *Anforderungsbereich III* geht es um begründete Überlegungen und Lösungen. Es wird von dir gefordert, dass du eine komplexe Problemstellung, Thematik oder entsprechendes Material eigenständig überdenkst, reflektierst, bewertest bzw. beurteilst. Man kann auch von dir gegebenenfalls die Entwicklung eigener Lösungsansätze verlangen.
Mit dem Anforderungsbereich steigt zugleich der Schwierigkeitsgrad. Bei den schriftlichen Arbeiten liegt der Schwerpunkt in der Regel auf dem Anforderungsbereich II, der ungefähr 50 % der Leistungen ausmacht.

Operatoren, die *schwerpunktmäßig* Leistungen im **Anforderungsbereich I** verlangen:

benennen, nennen	zielgerichtet Informationen zusammentragen, ohne diese zu kommentieren
beschreiben	Textaussagen oder Sachverhalte in eigenen Worten strukturiert wiedergeben
wiedergeben	Inhalte bzw. Zusammenhänge verkürzt mit eigenen Worten formulieren.
zusammenfassen	Inhalte, Aussagen, Zusammenhänge komprimiert und strukturiert wiedergeben
darstellen	einen Sachverhalt, Zusammenhang, methodische Entscheidung strukturiert formulieren

Operatoren, die *schwerpunktmäßig* Leistungen im **Anforderungsbereich II** verlangen:

untersuchen, erschließen	an Texten, Textaussagen, Problemstellungen, Sachverhalten kriterienorientiert bzw. fragengeleitet arbeiten
darstellen	einen Zusammenhang, ein Analyseergebnis, eine Problemstellung sachlich, strukturiert formulieren
deuten	literarische Phänomene (Texte, Textteile, sprachliche Bilder, Vergleiche, Metaphern, Personifikationen, Symbole etc.) in ihrer übertragenen Bedeutung verstehen und beschreiben
einordnen	einen Inhalt, eine Aussage, eine Problemstellung, einen Sachverhalt in einen vorgegebenen oder selbst gewählten Kontext (Zusammenhang) einbeziehen
vergleichen	Texte, Textaussagen, Problemstellungen, Sachverhalte unter vorgegebenen oder selbst gewählten Aspekten auf der Grundlage von Kriterien gegenüberstellen, in Beziehung setzen und analysieren, um Gemeinsamkeiten, Unterschiede, Teil-Identitäten, Ähnlichkeiten, Abweichungen oder Gegensätze ermitteln zu können
erklären	Textaussagen, Sachverhalte auf der Basis von Kenntnissen und Einsichten darstellen
erläutern	wie „erklären", aber durch zusätzliche Informationen und Beispiele veranschaulichen
charakterisieren	ein Ereignis, einen Ablauf, einen Zustand, eine Figur (Person) in seinen bzw. ihren zentralen wesentlichen Erscheinungsformen erfassen, beschreiben
in Beziehung setzen	Analyseergebnisse, Textaussagen, Sachverhalte, Problemstellungen mit vorgegebenen oder selbstgewählten Aspekten in Verbindung bringen

Operatoren, die *schwerpunktmäßig* Leistungen im **Anforderungsbereich III** verlangen:

beurteilen	zu einem Text, einer Textaussage, einem Sachverhalt, einer Problemlösung, einer Problematik mit Bezug auf Fachwissen und -erkenntnis oder auch Weltwissen bzw. Erfahrung zu einem selbstständigen, begründeten Urteil bzw. Sachurteil gelangen
bewerten	wie Operator „beurteilen", verbunden mit der Offenlegung (begründeter) eigener Wertmaßstäbe, die sich aus (ausgewiesenen) Normen und Werten ableiten
(kritisch) Stellung nehmen	die Einschätzung einer Problemstellung, Problemlösung, eines Sachverhaltes, einer Wertung auf der Grundlage fachlicher Kenntnis und Einsicht oder auch Weltwissen bzw. Erfahrung nach kritischer Prüfung und sorgfältiger Abwägung formulieren
begründen	ein Analyseergebnis, Urteil, eine Einschätzung, eine Wertung fachlich, sachlich oder durch Erfahrungswert bzw. Weltwissen absichern (durch einen entsprechenden Beleg, Beispiele, eine Argumentation)
sich auseinandersetzen mit	zu einer (fachlichen) Problemstellung oder These eine Argumentation entwickeln, die zu einem begründeten und nachvollziehbaren Ergebnis führt
prüfen, überprüfen	eine Textaussage, These, Argumentation, ein Analyseergebnis, einen Sachverhalt auf der Grundlage eigener Kenntnisse, Einsichten oder Textkenntnis auf ihre bzw. seine Angemessenheit hin untersuchen und zu Ergebnissen kommen
entwerfen, entwickeln	in Verbindung mit einer Textvorlage auf der Grundlage einer konkreten Arbeitsanweisung einen eigenen Text unter Benennung der notwendigen Entscheidungen und Arbeitsschritte planen und formulieren
gestalten	in Verbindung mit einer Textvorlage, auf der Grundlage einer konkreten Arbeitsanweisung einen eigenen Text nach ausgewiesenen Kriterien erarbeiten
Schlussfolgerungen ziehen	aus einem vorliegenden Text, aus Gedanken bzw. Aussagen gültige, nachvollziehbare Aussagen ableiten
verfassen	einen Text unter Beachtung der Vorgaben für eine bestimmte Textsorte formulieren

Die Operatoren „analysieren“ bzw. „interpretieren“ und „erörtern“ umfassen alle drei Anforderungsbereiche und verlangen von dir folgende Leistungen:

analysieren bzw. interpretieren	**Literarische Texte:** • Kerngedanken des Textes **erfassen**, zentrale Inhalte **erschließen** und **beschreiben** • Struktur des Textes **beschreiben** • Inhalt des Textes gekürzt **wiedergeben** • Deutungsvorstellungen **entwickeln** und formulieren • Text auf gattungsspezifische Formen und Merkmale hin **untersuchen** • formale (sprachlich-stilistische) Gestaltungsmittel **untersuchen** und ihre Wirkungsweise an Beispielen **darstellen** • einzelne sprachliche Bilder **deuten** • Textstellen/Textaussagen in größere Zusammenhänge einordnen • Textaussagen **bewerten/beurteilen** • Textdeutung **begründen** (auch mithilfe von Zitaten) • Analyseergebnisse zu den anfänglichen Vermutungen **in Beziehung setzen** Sachtexte: • Kerngedanken des Textes **erfassen** und **beschreiben** • Inhalt des Textes gekürzt **wiedergeben** • Struktur des Textes **beschreiben/evtl. Argumentationsgang erläutern** • Vermutungen über zentrales Anliegen/Intention/Funktion des Textes **entwickeln** • formale (sprachlich-stilistische) Gestaltungsmittel **untersuchen** und ihre Wirkungsweise an Beispielen **darstellen** • verschiedene Informationen auswählen, **wiedergeben, erklären, vergleichen** (auch mithilfe von Zitaten) • Textaussagen **bewerten/beurteilen** • Analyseergebnisse zu der anfänglichen Vermutungen **in Beziehung setzen** • Informationen aus linearen und nicht-linearen Texten **zusammenfassen** und so wiedergeben, dass insgesamt eine zusammenhängende Darstellung entsteht

erörtern	Thesen **entwickeln** • Argumentationsgang einer Vorlage **zusammenfassen** • Argumente sammeln und **nennen** • Argumente **in Beziehung setzen** und **zu einer Argumentationskette verknüpfen** • Argumente **begründen** (durch Beispiele veranschaulichen, durch Zitate belegen) • sich mit **Gegenargumenten auseinandersetzen** (Gegenargumente darstellen, überdenken, einbeziehen, zurückweisen) • Argumente **prüfen, bewerten** • einen Argumentationsgang verfassen, entwerfen (Argumente überlegt anordnen und Schlüsse ziehen) • zu einem Text, Sachverhalt (kritisch) **Stellung nehmen** / Stellungnahme **begründen**

Die Angaben und Erklärungen zu den Operatoren „analysieren" bzw. „interpretieren)" und „erörtern" enthalten in Grundzügen mögliche Leistungen, die von dir erwartet werden, damit du die jeweiligen Aufgabe lösen kannst. Allerdings wird von dir weder verlangt, dass du die Schritte in der vorgegebenen Reihenfolge löst, noch dass du alle Schritte umsetzt. Gehe davon aus, dass in der Aufgabenstellung dir noch genauer erklärt wird, was du zu tun hast.

Stichwortverzeichnis

Quellenverzeichnis

7 Gabriele Wohmann: *Ein netter Kerl.* In: G. W.: Habgier. Erzählungen. Reinbek: © Rowohlt 1978

21 Kurt Tucholsky: *Augen in der Groß-Stadt.* K. T.: Gesammelte Werke. Bd. 8: 1930, hg. von Mary Gerold-Tucholsky und Fritz Raddatz. Reinbek: © Rowohlt 1987

32 Per Nilsson: *So lonely.* Deutsch von Birgitta Kicherer. Hamburg: © Oetinger 1996

57 Detlef Gürtler: *Lieber online als anschnur.* In: Die Welt, vom 11. 9. 2006

68 *„Die Angst sitzt uns in den Knochen".* In: http://www.spiegel.de/schulspiegel/leben/0,1518,438504,00.html (29. 9. 2006)
Jugend 2006 – Einige Ergebnisse der 15. Shell Studie. In: http://www.bildungsspiegel.de/content/view/1875/635/1/1/ (29. 9. 2006)

69 *Was Jugendlichen wichtig ist.* In: Jugend 2006. Eine pragmatische Generation unter Druck, hg. Shell Deutschland Holding Frankfurt/Main 2006

79 Ansprache von Bundeskanzlerin Angela Merkel anlässlich der Auftaktveranstaltung des Girls' Day 2006 am 25. April 2006 in Berlin. In: http://www.bundesregierung.de (29. 9. 2006)

93 Wie viele Bundesbürger benutzen das Internet? Quelle: (N) Online-Atlas 2005

94 Zeichnung links: Gerhard Mester/CCC, www.c5.net
Zeichnung rechts: Jupp Wolter/Haus der Geschichte, Bonn

108 Hans-Jürgen Lenhart: ЯƎDИAИIƎHƆЯUᗡ. In: Poetische Sprachspiele, hg. v. Klaus Peter Dencker. Stuttgart: © Reclam 2002

109 Georg Heym: *Berlin I.* In: G. H.: Der ewige Tag. Leipzig: Rowohlt 1911

112 Heinrich Heine: *Wenn ich in deine Augen seh.* In: H. H.: Buch der Lieder. Hamburg: Hoffmann und Campe 1827